제국의 역습
진격의 일본

아직 끝나지 않은 한일 간 비극의 역사

제국의 역습
진격의 일본

조용택 지음

북클라우드

반복되는 역사가 말해주는 것

역사는 사실 그대로 기록하는 것이 가장 바람직하지만, 현실적으로는 쉽지 않은 작업이다. 동서양의 역사기록을 보면 자국의 역사는 미화하려는 반면 주변국의 역사는 왜곡하거나 폄하하려는 경향을 흔히 볼 수 있다.

그중에서도 동북아시아의 한중일 역사기술은 끊임없는 논쟁을 만들어왔고, 그 논쟁은 오늘날도 현재 진행형이다. 중국의 동북공정, 일본의 임나일본부설이나 백제, 신라의 일본식민설 등은 우리 국내에서 터무니없는 왜곡이라고 결론 났지만, 그 진위여부를 떠나서 대표적인 역사논쟁의 사례로 꼽히고 있다.

필자는 역사학도는 아니지만, 자존의 역사 못지않게 피침의 역사, 치욕의 역사도 그 기록을 결코 소홀히 해서는 안 된다고 믿고 있다. 특히 수많은 외침에 시달려온 우리나라의 경우 오히려 불행한 역사를 제대로 가르쳐 교훈을 삼는 자세가 부족한 것은 아니었는지 오랜 기간 자문해왔다.

지금 국제정세는 1800년대 후반 1900년대 초반의 형국과 비교되고 있다. 한반도 주변국가들의 움직임을 보면 그 당시와 섬뜩할 정도로 닮았다.

중국은 19세기 중반에서 20세기 중반까지 세계열강의 노리개 수준에 머물다가 드디어 대국굴기大國屈起에 돌입하며, 곳곳에서 또 각 분야에서 그 힘을 과시하기 시작했다. 미국은 일본과 함께 중국 견제의도를 숨기지 않고 있는 가운데, 특히 아베 총리 재집권 후 일본의 움직임은 경계의 수준을 넘어 제국주의의 어두운 그림자를 다시 떠올리게 하는 상황이다. 집권 자민당은 2015년 9월 들어 사실상 전쟁을 할 수 있는 국가로 법을 개정했으며, 아베 총리는 2016년쯤 현행 평화헌법 개정을 내세워 조기총선에 나설 것으로 예상하는 전문가들이 많다.

현재 일본 국내 지지도가 그대로 유지된다면 아베 총리의 의지가 관철될 가능성이 높다는 분석이다. '**역사는 반복한다**(History repeats itself)'. 역사학의 아버지로 불리는 그리스의 역사학자 투기디데스가 2천여 년 전에 정의한 말이다. 정신 바짝 차리고 1백여 년 전의 뼈아픈 과거를 되풀이하지 말아야 한다.

우리는 역사적으로 일본에 900여 차례 침략이나 약탈을 당한 것으로 전해지고 있다. 일본의 신라 침략이 삼국사기에 기록된 것만 60여 차례라고 한다. 기록되지 않은 크고 작은 노략질도 부지기수로 추정되고 있다. 오죽했으면 신라 문무왕은 자신이 죽으면 경주 앞 바다 속에 묻어달라고 유언을 했을까. 용왕이 되어서 일본 배를 모두 뒤집어버리겠다는 그의 바램이 그런 유언을 남겼다고 한다. 그래서 지금의 경주 앞바다 속 대왕암이 생겨난 것이다.

한양대 김용운 명예교수는 그의 저서에서 우리나라는 평균 1년 7개월에 한 번꼴로 왜구나 일본으로부터 노략질을 당했다고 밝혔다.

필자는 오래 전부터 "2천 년 가까이 그런 침략을 끊임없이 당하고도 우리 선조들은 왜 제대로 된 방비를 못했을까" 의아해왔다. 특히 임진왜란으로 전국토가 유린당한 후에도 국가를 제대로 정비하지 못해 3백 년 후 나라가 사라지는 비극을 당했는지 안타까워했다.

우리는 왜 끊임없이 일본의 침략을 받아 나라가 거덜나고 때로는 나라가 없어지는 치욕을 반복한 것일까.

필자는 개인적으로 한국이 일본을 제대로 바라봐야 할 부분들을 놓치고 그들이 가지고 있는 힘을 과소평가하는 데 그 원인이 있다고 생각한다. 아직도 일본은 세계를 움직이고 있고 그들의 힘은 건재하다. 악감정과 편견에 치우쳐 현실을 직시하지 않으면 언제라도 과거의 불행한 역사는 되풀이될 수 있다. 여전히 끝나지 않은 제국을 향한 일본의 움직임에 현명하게 반응해야 하는 이유다.

이런 맥락에서 필자는 과거 우리가 일본에 선진문물을 전해주었다는 등 우월한 기록보다는, 한반도가 왜나 일본으로부터 침탈당한 역사에 초점을 맞추려고 노력했다. 그럼으로써 일본을 따라잡을 때까지는 좀 더 겸손하고 성숙된 국가의식을 갖기를 희망하는 바램에서 졸저를 선보이게 됐음을 밝힌다.

끝으로 책이 나오기까지 시간과 노력을 아끼지 않은 송철복, 권경률 후배에게 감사의 인사를 전한다.

2015년 12월
조용택

일본군이 다시 한반도를 밟는 날

2015년 9월 19일 일본이 다시 '전쟁할 수 있는 나라'가 되었다. 일본 참의원은 이날 '집단적 자위권' 행사를 용인하는 안보법안을 통과시켰다. '집단적 자위권'이란 우방국이 공격받을 때 전쟁에 개입할 수 있는 권리를 말한다. 그것은 일본이 직접 공격받지 않아도 전쟁할 수 있음을 의미한다. 제2차 세계대전 패망 이후 70년 만의 일이다.

일본 평화헌법 9조는 "전쟁과 국제분쟁의 해결수단으로서 무력행사를 영원히 포기한다"고 명시하고 있다. '전수방어專守防禦'라 하여 방어 목적 이외에는 무력을 쓸 수 없게 만든 것이다. 하지만 아베 신조 총리가 이끄는 일본 정부는 이 평화헌법의 근간을 흔들며 역사의 시계를 거꾸로 돌리려 하고 있다. '집단적 자위권'은 그 신호탄이다.

아베 정권은 2014년 7월 1일 각의(閣議 : 내각회의)에서 기존의 헌법해석을 바꿔 '집단적 자위권 행사가 가능하다'는 결정을 내렸다. 2015년 4월 27일에는 '미일방위협력지침(일명 가이드라인)' 개정을 통해 미군의 후방지원 명목으로 세계 어느 나라든 군대를 파견할 수 있도록 했다. 이어서 안보법안마저 통과시킴으로써 이를 법제화하였다.

유엔헌장 51조에 따르면 '집단적 자위권'은 국가의 고유한 권리이다. 하지만 그 나라가 일본이라면 얘기가 달라진다. 한반도를 강제로 병합하고 중일전쟁과 태평양전쟁을 일으켜 인류에게 큰 상처를 입힌 게 엊그제 같다. 그럼에도 전범국으로서 자신들이 저지른 패륜과 만행을 부인하고 진정성 있는 반성과 사과를 표명하지 않는 일본이 아닌가.

'집단적 자위권'을 추구해온 일본의 행보가 군국주의 망령의 부활로 비치는 이유가 여기에 있다. 지난 2006년 2차 대전 이후 최연소로 내각수반 자리에 오른 아베 총리는 취임 직후 가장 존경하는 인물로 요시다 쇼인(吉田松陰, 1830~1859)을 꼽은 바 있다. 쇼인은 메이지유신의 정신적 지도자로 정한론征韓論과 함께 천황이 지배하는 대일본제국을 주창하여 군국주의의 길을 닦았다.

한국을 정벌해야 한다는 정한론

일본 메이지유신을 성공시킨 유신 3걸 중 한 사람으로 불리는 사이고 다카모리西鄕隆盛가 1870년대 정한론을 본격적으로 주창한 것으로 알려져 있지만, 사실은 쇼인이 정한론의 효시로 꼽힌다.

"일본이 구미열강과 어깨를 나란히 하려면 지금 군비를 강화해야 한다. 그리고 에조(홋카이도)를 개척하고, 오호츠크와 캄차카를 빼앗아야 하며, 류큐(오키나와)를 종속시키고, 조선을 공략해서 예전처럼 일본에 복종시켜야 한다. 또 북으로 만주에서 남으로 대만, 루손(필리핀)에 이르기까지 모조리 장악하고 오스트레일리아도 식민지로 삼아야 한다."

요시다 쇼인이 천황제 부활을 위해 도쿠가와막부德川幕府 타도운동에 나섰다가 1859년 29세에 참수형을 당하기 전 막부 감옥에서 집필한《유수록幽囚錄》에 남긴 제국 팽창의 청사진이다.

그의 뜻은 제자들에 의해 한 치의 오차 없이 실행에 옮겨졌다. 조선의 국권을 강탈한 이토 히로부미伊藤博文, 청일전쟁과 러일전쟁을 이끈 야마가타 아리토모山縣有朋, 가쓰라-태프트 밀약을 맺은 가쓰라 다로桂太郎 등 세 총리가 모두 그의 문하였다. 그들은 '강자에게는 머리를 숙이고 약자는 철저히 짓밟아 국익을 극대화하라'는 스승의 가르침을 가슴에 품고 침략전쟁에 열을 올린 주역이었다. 아베 총리가 요시다 쇼인을 가장 존경하는 인물로 꼽는 순간 다시 불길한 기억들이 오버랩되는 건 한국인의 한 사람으로서 지극히 자연스러운 현상인지 모른다.

흥미로운 점은 이들 제자들이 모두 조슈번(현 야마구치현) 출신이란 점이다. 조슈번은 임진왜란 이후 도쿠가와 이에야스德川家康에게 패한 도요토미 히데요시豊臣秀吉의 추종세력이 주로 옮겨간 곳이다. 옛 주군을 닮아 호전적인 조슈 사무라이들은 도쿠가와 가문에 대한 복수심을 불태우며 때를 기다렸다. 마침내 19세기 중엽 막부가 잘못된 개국으로 흔들리자 조슈는 천황을 내세워 반격에 나섰다.

그 가운데 요시다 쇼인의 제자들인 이토 히로부미, 야마가타 아리토모 등은 신식군대를 조직해 막부군을 무찔렀다. 그들이 훈련시킨 조슈의 신식군대가 메이지유신 이후 일본군의 근간이 되었다. 도요토미 히데요시의 호전성과 요시다 쇼인의 팽창주의가 일본 군부에 이식된 셈이다. 그것이 후일 일본을 군국주의의 광기에 휩싸이게 만든 추동력이 되었다.

일본 근대사를 살펴보면 조슈와 요시다 쇼인이 교차하는 지점에서 정확히 군국주의가 스멀스멀 피어올랐다.

쇼인은 1850년대 20대 시절 고향 하기시에서 13명의 제자를 키웠는데, 그중 3명의 총리 6명의 대신(장관)이 나왔다. 앞서 지적했듯이 그 유명한 이토 히로부미, 가쓰라 다로 등이 그의 제자들이다.

나머지 4명 중 메이지유신의 멘토였던 다카스키 신사쿠高杉晋作는 유신 성공 직후 폐결핵으로 사망했으며, 세 사람은 도쿠가와막부 타도와 천황제 부활운동 과정에서 참수당하거나 할복자살했다. 요시다 쇼인의 제자들은 군국주의 일본의 핵심 엘리트 지도자였던 것이다.

그런데 지금 일본이 다시 군국주의로 회귀하는 조짐을 보이는 것이 아닌가 우려가 커지고 있다. 요시다 쇼인을 존경한다는 아베 총리가 조슈번의 본거지 야마구치현 태생이란 점은 의미심장하다. 과거 조슈 출신의 요시다 쇼인 문하생들이 일본을 청일전쟁-러일전쟁-2차 세계대전의 소용돌이에 빠뜨린 주인공들이다. 공교롭게도 3개의 전쟁은 모두 한반도와 밀접하게 연관되어 있다. 청일, 러일전쟁은 한반도에서 직접 시작됐다. 수많은 조선백성이 피해를 입을 수밖에 없었다. 2차 대전으로 징집이나 징용으로 끌려가 사망한 조선인도 헤아릴 수 없이 많았다. 물자동원 등으로 입은 물질적 손실은 제쳐두고도…….

그래서 요시다 쇼인의 열혈 신도인 아베 총리의 행보에서 군국주의 망령의 부활을 우려하는 것은 한국인으로서 지극히 당연한 심사일 수밖에 없는 것이다.

어쩌면 아베 정권에게 과거 군국주의와 침략전쟁은 반성해야 할 잘못이 아니라 되찾고 싶은 영화榮華일지도 모른다. 따라서 일본이 '집단적 자위권'을 발동하는 순간 동아시아는 다시 풍운의 격랑에 휩싸일 가능성이 높아진다. 유감스럽게도 그 첫 번째 표적은 한반도가 되지 않을까 염려스러운 것이다. '집단적 자위권' 행사의 유력 시나리오로 줄곧 '한반도 유사시'가 거론돼왔기 때문이다.

일본의 재무장 움직임에 어떻게 대처할 것인가

지금 우리나라에는 주한미군이 주둔해 있다. 앞으로 북한이 무력도발을 시도하거나, 북한에 격변사태가 일어날 경우 '집단적 자위권'과 '미일 가이드라인'에 따라 일본자위대의 한반도 출병이 가능해졌다. 이것은 데자뷔다. 1894년 동학농민운동 진압을 위해 청나라군이 개입하자 그들과 협정을 맺은 일본군대까지 들이닥치던 장면을 떠올리게 만든다.

일본군이 다시 한반도를 밟는 날! 상상하는 것만으로도 몸서리 쳐진다. 120여 년 전 일본군대의 진주로 말미암아 대한민국은 청일전쟁, 러일전쟁의 전장이 되었으며 마침내 일본의 식민지로 전락하고 말았다. 이 때문에 우리나라는 설혹 미일 간의 방위협력을 존중한다 할지라도 군국주의 망령의 부활만은 반드시 봉쇄해야 하는 입장이다.

최근 들어 중국이 세력 확장에 나서면서 미국은 이를 저지하기 위해 일본의 군사적 뒷받침을 필요로 하고 있다. 아베 정권의 의뭉스런 행보에도 미국이 관대할 수밖에 없는 이유이다. 북한의 핵위협에 직면한 우리나라 역시 한미일 삼각동맹이 흔들리는 것은 결코 원하지 않는다. 이렇게 얽히고설킨 상황에서 우리는 일본의 재무장 움직임에 어떻게 대처할 것인가?

결국 힘을 길러야 한다. 120여 년 전에 그랬듯이 우리나라에 힘이 없으면 누구도 우리 국민의 안전을 보장해주지 않는다. 미국도, 중국도 자신들의 국익이 우선일 뿐이다. 과거 일본의 한반도 지배를 인정한 가쓰라-태프트 밀약, 영일동맹이 얼마든지 재현될 수 있다. 일본이나 중국에게 빈틈을 보이지 않는, 우리의 안보를 스스로 지킬 수 있는, 견고한 국력이 필수다.

그러려면 내부의 힘을 합쳐야 한다. 여와 야, 좌와 우, 남과 북이 다르지 않다. 무엇보다 일본의 '혼네(ほんね: 속마음)'에 대해 공감대를 형성할 필요가 있다. 양국 간의 역사를 똑바로 알고 기억하는 작업이 그 출발점일 터.

　"미국 놈 믿지 말고 소련 놈 속지 마라. 일본 놈 일어나니 조선 사람 조심하소."

　해방 직후 우리나라에는 이런 노랫가락이 유행했다고 한다. 이 가사 속의 일본이 해방 70년을 지나며 다시 군사적으로 일어나고 있다. 아베 총리는 2014년 '제2의 개국'을 선언하고 '일본의 귀환'을 강조했다. 그는 과연 어디로 돌아가려고 하는 것일까?

　지금 '제국의 역습'이 시시각각 현실화되고 있는 것은 아닌지 두려운 생각을 떨치지 못하고 있다. 지나간 역사에서 교훈을 얻지 못하는 민족은 쓰라린 역사를 반복할 수밖에 없다. 오랜 세월 우리와 은원恩怨이 교차한 일본, 멀리 하기엔 너무 가까운 한일관계의 어제와 오늘을 그래서 더욱 되짚어봐야 할 시점인 것이다.

1장

·

멀리 하기엔 너무 가까운 이웃

외면할 수 없는
일본의 힘

•

우리는 원하든 원치 않든 간에 일본이라는 이웃을 가장 가까이에 두고 있다. 왜 우리에게 일본은 '가깝고도 먼 나라'로만 인식되어 왔을까? 물론 근인根因은 일본이 제공했지만, 우리에게는 되짚어 볼만한 여지는 없는 것일까.

이웃사촌은 우리의 오랜 전통이자 미덕이다. 멀리 있는 형제보다 이웃사촌이 더 가깝다고 느끼면서 살아온 것이 한국인의 평균적 정서였다. 진정 일본은 '가깝고도 가까운 이웃'이 될 수 없는가.

일본을 애써 무시하는 한국인의 심리

툭 터놓고 이야기해보자. 평균적인 현대 한국인이 일본을 보는 시각은 다분히 민족주의 감정에 기초하고 있다. 그래서 일본의 실상을 애써 무시하거나 아전인수 격으로 해석해버리는 경향이 강하다.

수많은 분야에서 한국이 일본을 따라가려면 아직 멀었다는 것을 잘 알면서도 대다수 한국인은 양국 간의 엄연한 격차를 모른 체하거나 외면하려 한다. 일본이라는 나라가 아시아 국가 가운데 유일하게 G7(주요 7개국) 회원으로 활동하는 것을 보면서도 일본을 굳이 폄하하려는 심정이 한국인의 심리 속에 분명히 존재한다. 강대국 하면 미국이나 러시아, 중국 정도만 꼽지 일본은 그 범주에 넣고 싶지 않은 것이다.

전 세계에서 일본을 무시하는 나라는 한국이 유일하다. 그런데 한국인은 그런 불가사의를 당연시하며 살고 있다. 한국인은 '일본을 절대 좋게 보아줄 수가 없어'라고 무의식중에 세뇌하며 사는 것은 아닌지 필자 스스로도 궁금해질 때가 많다. 그러면서도 일본은 한국인이 선호하는 여행국 앞자리에 올라 있고, 일식과 사케, 일본 소설-만화에 대한 인기는 식을 줄 모르고 있다.

일본을 여행하는 한국인들은 도시 주택가 골목에 불법주차 차량이 전혀 없는 모습을 보고 감탄을 넘어 충격을 받는다. 일본 택

시기사들의 친절하고 예의 바른 행동거지를 보면 한국보다 턱없이 비싼 택시 요금마저 잊어버릴 정도다. 거리는 깨끗하고 교통은 신속·정확·편리하다. 음식은 정갈하고 도시 농촌 할 것 없이 식당은 청결하다. '역시 일본은 선진국'이라고 고개를 끄덕인다.

그뿐인가? 한국보다 인구가 2배 이상 많으면서도 사기 범죄는 한국의 100분의 1에 불과하다는 통계를 접하고는 "역시 일본 사람들은 정직하다"고 찬탄한다. 한국에 한 명도 없는 노벨 과학상 수상자가 일본에 18명이나 있다는 사실을 거론하며 "역시 일본의 학문이나 기술수준은 따라잡기 힘들다"고 느낀다. 하지만 결론 부분에 이르러서는 일본을 깎아내린다. '기-승-전-욕'이다. 일본의 장점을 칭찬하면 마치 친일파라고 비난받을까봐 그러는지 딱히 그 이유를 알 수 없다. 남이 그러니 나도 그렇게 하는 건가.

미국은 수정헌법 1조에 "언론의 자유를 제한하는 어떠한 법률도 제정할 수 없다"라고 못 박아 놓았다. 미국을 대표하는 신문인 〈뉴욕타임스〉는 1면 상단에 '인쇄하기 적합한 모든 뉴스'를 싣는다고 편집방침을 천명하고 있다. 그럼 한국은 어떨까? 언론의 자유가 넘치는 것 같지만 일본과 관련된 보도는 사정이 좀 다르다.

일본에 비판적이어야 독자나 시청자가 좋아하는 줄 착각할 정도로 반일적인 기사가 압도적으로 많다. 수용자 입맛에 맞는 소재 위주로 전하다 보니 기자나 뉴스 수용자 모두 일본에 대해 제대로 된 인식을 갖기가 어렵다. 이런 식의 관행이 지속되면 결국 손해는 한국이 볼 수밖에 없다.

세계를 움직이는 일본의 막강한 영향력

지금 우리는 중국이 욱일승천하는 시대를 살고 있다. 그러나 냉정하게 보면 여전히 세계는 미국이 좌지우지한다. 머지않은 장래에 중국이 GDP에서 미국을 제칠 수 있겠지만 국력은 GDP로만 측정되는 것이 아니다. 미국은 자연과학은 물론 인문 · 사회과학에서도 세계의 표준(standard)을 움켜쥐고 있는 지식대국이다.

"교수님, 팍스아메리카나가 얼마나 더 가겠습니까?" 1980년대 후반 미국의 세계적인 석학 다니엘 벨 교수가 한국을 방문하자 기자들이 물었다. "100년, 최소한 50년." 그는 잘라 말했다. "미국에 있는 50개 대학과 연구소가 그것을 가능케 한다"는 것이었다. 미국이 지력知力으로 세계를 지배한다는 뜻이리라.

그런 미국이 경제적으로 쪼들리자 요즘 일본과 급속히 밀착하고 있다. 날로 부상浮上하는 중국을 견제하기 위해 일본의 힘이 절실하기 때문이다. 물론 일본도 안보에서 미국의 힘이 필요한 처지이

기에 기꺼이 협조한다.

미국이 일본을 극진히 대접하는 것은 일본의 실력도 실력이지만, 일본만큼 믿음직한 나라가 없기 때문이다. 오늘날 미국과 중국이 패권을 다투는 동아시아에서 미국처럼 자유민주주의 체제를 유지하는 나라는 일본과 한국밖에 없다. 그런데 아직 한국은 미국을 실질적으로 뒷받침해줄 만한 국력을 갖추지 못했다.

미국은 태평양전쟁에서 직접 싸워보았기 때문에 일본을 누구보다 잘 안다. 미국 대학에 일본학 전공자들이 잔뜩 포진한 것은 현대 일본의 영향력이 그만큼 크다는 의미다. 반면 바로 이웃임에도 불구하고 한국의 일본에 대한 이해는 미국보다 한참 모자라는 데다, 부지불식간에 굴절된 눈으로 보는 경향이 아직도 사라지지 않고 있다. 일본이라면 무조건 좋게 보지 않으려는 의식이 집단세뇌 형태로 남아 있는 탓이다. 이런 현상은 이성보다는 감성이 우세한 한국인 특유의 심성 탓도 있을 것이다. 물론 근본적인 원인은 일본이 먼저 제공했다.

평균 1년 7개월에 한 번씩 침략한 일본에 대한 증오는 대대로 우리 가슴에 새겨질 수밖에 없었다. 끔찍했던 임진왜란, 한일 강제 합방 등 일본은 과거 한국에 저지른 죄악에 제대로 된 사과나 합당한 보상도 없었다. 일본이 독일이 피해국들에게 했던 것처럼 몇 번이라도 진정어린 사과를 했더라면 일본에 대한 인식은 분명 달라졌을 것이다.

그렇다 해도 일본을 애써 무시하고 눈과 귀를 막는 태도는 우리에게 아무런 도움이 되지 않는다. "나를 알고 적을 알면 백 번 싸워도 위태롭지 않다"고 손자孫子는 말했다. 미우면 미울수록 우리 자신을 돌아보고 상대를 직시하는 성숙한 자세를 갖춰야 후환이 없는 법이다.

"일본의 정세에 주의하고, 일본과의 우호를 중단하지 마소서."

1475년 신숙주가 죽음을 앞두고 성종 임금에게 당부한 유언이다. 그는 단종을 버리고 세조를 따르는 바람에 변절자의 낙인이 찍혔지만 외교에 있어서는 탁월한 업적을 남겼다. 일본에 대한 안목도 남달랐다. 1443년 조선통신사 서장관書狀官으로 일본에 다녀와 《해동제국기海東諸國記》를 저술하기도 했다. 바로 그 신숙주의 유언을 류성룡은 저서 《징비록懲毖錄》의 첫머리에 실었다. 임진왜란을 되돌아보며 이 유언의 의미를 곱씹은 것이다.

아베 정권의 극단적인 우경화 행보로 군국주의 부활에 대한 우려가 커지는 가운데 그 옛날 신숙주와 유성룡의 경고는 더욱 큰 울림을 안겨준다. 누가 뭐래도 일본은 한국에 중요한 나라다. 수천 년 은원으로 맺어진 역사가 있다. 멀리 하기엔 너무 가까운 이웃이다. 이제 마인드를 바꿀 때도 됐다. '있는 그대로' 일본을 보고, '이해득실을 따져' 일본과 관계를 이어가야 한다. 그러려면 최소한 그들의 특성을 이해하려는 노력도 필요한 일이다.

화(和),
그 안의 이중성

●

《국화와 칼》은 오늘날 일본인에 관한 가장 권위 있는 저술의 하나로 알려져 있다. 1944년 태평양전쟁의 종전을 앞두고 미국 정부는 컬럼비아대학교 인류학 교수인 루스 베네딕트에게 일본문화의 알맹이를 분석해달라고 의뢰한다. 당시 일본은 연이은 패전으로 벼랑 끝에 몰려 있었다. 미국은 신탁통치를 염두에 두고 사전에 일본인을 알고자 했다.

책 제목에서도 알 수 있듯이 저자는 일본인의 이중성에 주목했다. 일본인은 한 손에 칼을, 다른 손에 국화를 들고 있다. 군국주의적이면서도 평화를 사랑한다. 싸움을 좋아하면서도 얌전하다. 불손하면서도 예의 바르다. 용감하면서도 조심스럽다. 평소에는 유순해 보이지만 분개하면 물불 안 가린다. 보수적인가 하면 새로운 것도 거부감 없이 수용한다.

종잡을 수 없는 이중성이다. 일본인의 이런 특성은 어디서 비롯된 것일까? 이웃인 우리는 그 이중성을 어떻게 받아들여야 할까? 이 질문들에 대해 최선의 답을 구하는 것이야말로 작금의 외교적 불협화음에 현명하게 대처하는 출발점이라 할 수 있다.

일본 특유의 체면 문화

지난 2013년 〈한자와 나오키半沢直樹〉라는 TV드라마가 일본 TBS에서 방영되었다. 은행원들의 공격적인 영업 활동을 실감나게 묘사한 드라마로 최종회 시청률이 40%를 넘었을 만큼 큰 인기를 끌었다.

이 드라마는 한국, 대만 등지로 수출되며 외국 시청자들에게도 강렬한 인상을 남겼다. 대만에서는 특히 납작 엎드려 연신 절을 하는 일본 특유의 사죄법인 '도게자土下座'가 화제를 낳았다. 드라마에서 주인공 한자와 나오키는 난처한 상황에 처하면 곧바로 무릎을 꿇고 양손을 바닥에 짚으며 도게자에 들어갔다.

일본인 하면 떠오르는 대표적 이미지는 유달리 인사성이 밝다는 것이다. 인사성이야 미덕이지만 도게자처럼 상식에 비춰봤을 때 선을 넘는 몸짓도 간혹 눈에 띈다. 이에 대해 일각에서는 복종의 문화를 거론한다. 사무라이의 칼이 지배하는 세월을 하도 오래 겪다 보니 복종의 습성이 체질화됐을 것이라는 해석이다.

사무라이는 '사농공상士農工商'이라는 일본의 전통적 신분질서에서 맨 위에 자리 잡았던 계층이다. 그들은 평민이 무례하게 굴면 그 자리에서 칼을 휘둘러 즉결처분할 수 있었다고 한다. 믿기 어렵지만 새로 장만한 칼이 잘 드는지 시험하려고 사무라이가 죄 없는 평민을 베었다는 끔찍한 기록도 전해진다. 일본인의 인사성은 이처럼 칼이 지배하는 사회에서 형성된 공포심의 발로로 풀이할 수 있다.

이 설에 따르면 일본인들은 오랜 기간 무력에 바탕을 둔 전제통치하에 있었으며 살아남기 위해 복종하지 않으면 안 되었다. 바로 그 복종의 전통이 지금까지도 일본인 사이에 정신적 흔적으로 남아 있다는 것이다. 하지만 여기서 우리는 스스로에게 질문을 던지지 않으면 안 된다. 일본인의 인사성을 복종의 문화 탓이라고 해석하는 것은 혹시 그들을 부정적으로 보려는 편견에서 비롯된 게 아닐까?

이제 우리는 일본인의 정체성을 이루는 핵심가치인 '화和'를 있는 그대로 대면할 때가 되었다. '화和'는 일본인의 정신이자 삶의 방식이다. 앞서 언급한 복종의 문화도 '화和'의 일부로 인식하는 것이 바람직하다. 전체를 이루는 한 부분에 지나지 않는다는 것이다.

'화和'는 말 그대로 사람 사이의 조화로운 관계를 중시하는 가치관이다. 일본인은 어려서부터 남들과 화합하고 서로 협조하도록 교육받는다. 그것이 가정, 기업, 사회에서 일본인을 이끄는 철학이기 때문이다. 일본이 경제대국이 된 것도 '화和'와 무관치 않다. 화합하며 일하는 습성이 생산성을 높이는 데 기여했다고 볼 수 있다.

인사성에서도 알 수 있듯이 일본인은 개인적으로 예의를 무척 소중하게 여긴다. 그들은 될 수 있으면 타인에게 폐를 끼치지 않으려 한다. 무례하게 상대방의 영역을 침범하면 갈등이 생기기 마련이다. 조화로운 관계를 위해서는 사람과 사람 사이에 적당한 선이 필요하다. 그 선을 지키는 것이 일본인이 소중히 여기는 예의의 실체다.

이는 일본 특유의 체면 문화와도 관련이 깊다. 일본인에게 체면은 개인 존엄성의 표상이다. 체면이 깎이면 할복도 불사하는 전통을 갖고 있다. 또 자신의 체면도 중요하지만 남의 체면을 손상할 일도 꺼린다. 남의 부탁을 거절하면서 상대방의 체면이 깎일 것을 염려한다. 그래서 부탁을 들어주지 못하더라도 딱 잘라 거절하지 않고 "검토하겠다"며 얼버무린다. 누군가를 공개적으로 비판하거나 모욕하는 것은 당연히 금기다.

이 때문에 일본인은 자신의 의견을 명확히 밝히기보다 타인의 말을 경청하는 경향이 강하다. 토론할 때 서구인은 자기주장을 뚜렷하게 밝힌다. 반면 일본인은 직설적으로 말하지 않아야 예의에 맞는다고 생각한다. 노골적으로 반대의견을 나타내면 무례하다고 본다. 한때 《선전포고, NO라고 말할 수 있는 일본 경제》라는 책이 화제를 모았는데, 상대방에게 좀체 'NO'라고 말하지 않는 일본인의 특성을 빗댄 것이다.

일본인이 말보다는 표정, 눈빛, 음색, 몸짓 등 비언어적 의사표시를 신뢰하는 이유도 여기 있다. 말은 여러 가지 의미가 담겨 있어서 혼란스럽다. 그나마 비언어적 메시지를 통해 속마음을 읽을 수 있다. 예컨대 말을 하면서 얼굴을 찡그리면 동의하지 않는다는 뜻이다. 이를 악물거나, 고개를 기울이거나, 뒤통수를 긁적이는 것도 저마다 암호가 담겨 있다.

이런 식이다 보니 외국인을 위해 일본인의 비언어적 메시지를 해독해주는 가이드북까지 나와 있는 실정이다. 물론 이런 책을 독파했다고 해서 그 속내를 쉽게 파악할 수 있는 건 아니다. 일본인은 비언어적 의사표시를 할 때도 최대한 조심한다. 그들은 말을 하면서 표정을 감추려 한다. 남의 눈, 특히 상급자나 연장자의 눈을 빤히 쳐다보는 것은 불경스러운 행동으로 간주된다. 공공장소나

붐비는 곳에서는 서로 눈을 마주치는 것조차 피한다.

'화和'는 일본인 개개인을 예의 바르고, 조심스럽고, 유순하게 만든다. 그래서 일본인 개개인은 해외에서 비교적 좋은 평을 듣는다. 그것은 손에 국화를 들고 평화를 사랑하는 이미지와 겹친다. 하지만 소속의 지향점이 결정되면 마치 동전의 양면처럼 불손하고, 물불 안 가리며, 호전적인 면도 있다. 재미있는 사실은 이렇게 극과 극의 대조적인 모습도 알고 보면 '화和'에 뿌리를 두고 있다는 점이다.

일본인의 집단적 자아

'화和'는 일본인의 집단적 자아를 강화하는 성분이다. 일본인은 개인보다 집단을 더 중시한다. 그들은 크고 작은 집단 속에서 편안함을 느끼며 강한 소속감을 갖는다. 자신의 주장을 내세우기보다 소속된 집단의 결정에 따른다. 일본인이 법과 규정을 절대시하는 것도 이런 맥락에서 바라보면 수긍이 간다.

일본인은 아이들에게 잔디밭에 들어가지 말라고 가르칠 때 이유보다는 집단의 규정을 강조한다. "잔디가 망가지니까" 대신 "금지되어 있으므로"라고 말한다. 안 되니까 안 되는 거다. 그래서인지 일본 곳곳에는 "~해서는 안 된다"는 안내 표지가 숱하게 서 있다. 일본인은 미국 그랜드캐니언의 절벽에 "위험하니 접근하지 마시오"라는 안내판이 서 있지 않은 것을 당국의 태만으로 이해하는 식이다.

일본인의 집단적 자아는 위계질서 속에서 작동한다. 그들은 대개 집단의 위계 속에서 뚜렷한 지위를 갖는다. 집안, 학교, 직장, 심지어 거래관계에서도 지위 구분이 명확하다. 특히 연장자가 대접받는다. 학생들은 후배가 선배를 깍듯이 대하는 것이라고 배운다. 술자리에서는 최고 어른에게 첫 잔을 올린 다음 그이가 따라주는 술을 나머지 사람들이 마신다.

일본사회의 위계질서는 서구인들에게도 강력한 인상을 심어주었다. 영화 〈블랙레인〉에서 뉴욕 형사 닉(마이클 더글러스)이 동료 경찰관에게 이렇게 묻는 장면이 나온다. "도쿄에 건너가서 그들(야쿠자)을 만나면 누가 대장인지 어떻게 구분하지?" 동료는 걱정 말라는 듯이 아무렇지도 않게 대답한다. "그건 쉬워. 일본에선 무조건 나이든 사람이 대장이야."

그런데 위계질서에 근거한 집단 내부의 '화和'가 외부에 대해서는 배타성을 표출하기도 한다. '집단적 자위권'이 주변국의 우려에도 불구하고 일사천리로 추진되는 것만 봐도 알 수 있다. 평화헌법에 반하는 안보정책에 저항의 목소리도 들리지만, 일본의 힘을 과시하려는 집단적 욕구가 훨씬 커 보인다.

일본인 개개인은 평화를 사랑할지도 모른다. 그런데 집단적 자아는 또 다른 이야기를 한다. 힘으로 버블경제 붕괴 이후 위축된 사회분위기를 일소하고 국제사회에서의 위상을 되찾으려는 갈망이 있다. 그것이 주변국의 우려를 간섭으로 여기도록 만들고, 아베 정권의 군국주의적 행보를 뒷받침하는 것이다.

여기에는 앞서 언급한 복종의 문화도 깊은 관련을 맺고 있다. 일본인은 오랜 세월 '사무라이'로 대변되는 무가武家의 지배를 받았다. 칼을 휘두르는 지배체제에서 당국을 비난하는 일은 금기로 여겨졌다. 그 습성이 일본인을 본능적으로 정부에 복종하게 만든다. 일본인의 집단적 자아가 불손하고 호전적인 지도층의 물불 안 가리는 행태에 길들여져 이를 내면화한 것으로 보아야 하지 않을까.

결국 국화도, 칼도 '화和'가 빚어낸 것이다. '화和'는 일본인의 정신문화를 이루며 개개인과 집단적 자아의 모순된 이중성이 공존할 수 있게 했다. 또한 중국이나 서양의 제도와 문물을 모방하고 이를 바탕으로 일본적인 것을 창출하는 데 기여했다. 어찌 보면 '화和'가 곧 일본인이고, 일본인이 곧 '화和'인 셈이다. 그렇다면 '화和'가 빚어낸 일본인이라는 이중성은 대표적인 이웃 한국과 어떤 관계를 맺어왔을까?

고대문화를
일본에 전파한 한국

●

고대에 백제, 가야, 신라, 고구려 같은 한반도 세력이 일본에 문화
를 전파했다는 데 대해서는 한일 교섭사交涉史를 전공하는 동서양
학자들 사이에 대체로 이견이 없다. 건축, 조각, 회화, 야금冶金, 조
선造船, 도자기 제조, 축성築城, 인쇄기술 등이 한반도에서 일본으
로 건너갔다. 음악, 법률, 종교, 철학, 신화, 문학 등도 빼놓을 수
없다. 뿐만 아니라 고대일본어의 음절표기 방식도 이 문화전파의
대열에 포함시킬 수 있다.

　물론 그 가운데는 한반도로부터 유래한 것도 있고, 중국에서 한
반도를 거쳐 간 것도 있다. 이 때문에 일본의 일부 민족주의자들

은 한반도가 대륙문화의 통로였을 뿐이라고 주장한다. 고대일본에
선진문물을 전해준 한반도 사람들이 단지 '전달자'에 지나지 않는
다는 것이다. 이런 주장은 고대 한일관계에 대해 일각에서 느끼는
열등감의 표현이라는 분석도 있다. 그것은 외래의 문화에 고유의
DNA를 심어 '화和'의 양식을 특색 있게 발전시켜온 전통을 스스로
부정하는 셈이다.

일본을 건너간 백제 장인들

백제 제26대 성왕(聖王, 재위 523~554)에 의해 불교가 일본에 처음 전
해진 것은 538년이다. 일본 불교왕조 역사서인《부상략기扶桑略記》
에 "긴메이欽明 천황 당시인 신미년(551년) 3월에 백제 국왕께서 보
리 종자 1,000석을 보내주셨다"라는 기록이 있다. 성왕은 일본에
불교를 전파한 것은 물론 쌀과 함께 보리도 경작하도록 가르쳐주
었다(홍윤기 전 한국외국어대 교수). 또 긴메이 천황이 553년 백제에 사
신들을 보내자 의술, 역술, 역법曆法에 정통한 학자들을 차출해 일
본으로 데려가게 했다.

　아스카시대(538~710)에는 백제 장인들도 대거 현해탄을 건너갔
다. 588년 백제 장인들에 의해 백제식으로 건축된 아스카데라飛

鳥寺는 일본에서 가장 오래된 불교 사찰이다. 쇼토쿠태자(聖德太子, 572~622)는 601년 자신의 궁 옆에 뒷날 호류지法隆寺로 알려지는 절을 지었다. 이 공사에도 백제의 장인, 승려, 건축가들이 지대한 기여를 했다. 호류지는 쇼토쿠태자가 고구려에서 초빙해온 불승 혜자慧慈, 담징曇徵과 함께 학문을 수련하는 곳이 되었다. 절 옆에 공부하는 승려들을 위한 기숙사도 있었다.

백제의 승려 관륵觀勒은 602년 일본 겐코지現光寺에 머물면서 삼론종三論宗을 수립했다. 그는 히나미타치日並立를 비롯한 일본 왕실의 제자들에게 의술과 약학, 천문학을 가르쳤다. 또 하승천何承天이 443년에 개발한 중국의 원가력元嘉曆을 일본에 소개하기도 했다.

아스카시대의 가장 유명한 불교 조각품은 일본에서 '구다라 칸논'이라 불리는 목제 불상이다. 구다라 칸논은 '백제관음百濟觀音'이라는 뜻이다. 일본 국보인 이 불상은 백제에서 들여왔거나 백제 장인이 일본에서 제작한 것으로 추정된다. 특히 연화당초문蓮花唐草紋 보관寶冠 장식은 1971년 충남 공주에서 발굴된 무령왕릉의 것과 똑같다. 구다라 칸논은 당초 호류지에 보관되었다가 1949년 박물관으로 옮겨졌다.

일부 일본 지식인들은 이 불상이 일본에서 제작된 것이 틀림없다며 재료로 쓴 녹나무가 한국 땅에 자라지 않는다는 점을 근거로 제시한 바 있다. 하지만 이후 한국에도 녹나무가 자생한다는 사실이 일본학자에 의해 밝혀지면서 이 주장은 설득력을 잃었다. 그들은 구다라 칸논을 일본의 것이라고 우겨 민족적 자긍심을 고취하려 했지만, 이 역시 고대사에 대한 열등감의 발로였다고 볼 수밖에 없다.

일본의 한국식 성(城)

고대 일본토기도 한반도의 영향을 받았다. 야요이토기는 한반도 민무늬토기의 영향을 받은 말기 조몬토기에서 파생되었다는 것이 이론으로 정립되었다. 이 무렵 기본적으로 두 가지 형태의 가마가 일본에서 채용되었는데 이들 가마는 지금도 쓰이고 있다. 그 가운데 언덕의 경사면에 길게 만들어진 터널형의 등요登窯는 한반도에서 유래했다.

일본 고고학자들은 후쿠오카현의 오노성大野城과 오카야마현의 기성鬼城 등을 한국식 성으로 본다. 그 시기 한반도 내에 축성된 성들과 구조가 매우 흡사하기 때문이다. 663년 백촌강전투(현재의 금강하구로 추정)에서 백제 부흥군과 왜(倭)의 지원군은 나당 연합군에게 패한다. 연합군의 공격을 두려워한 야마토 조정은 한반도와 가까운 큐슈 지방을 중심으로 다양한 방어 시설을 만들었다. 오노성은 큐슈의 외교와 국방을 관할한 다자이후太宰府가 북쪽 수비를 위해 시오지산四王寺山에 구축한 것이다. 고대 백제인들의 손에 탄생한 백제식 산성이다.

음악 분야 역시 다르지 않았다. 5세기 이래 한반도의 음악인들이 음악과 악기를 가지고 일본을 방문했다. 나라시대(710~794) 일본에는 고마가쿠(高麗樂 : 고구려음악), 구다라가쿠(百濟樂 : 백제음악), 시라기가쿠(新羅樂 : 신라음악)가 융성했다. 이 삼국의 음악은 848년 왕립 음악기관인 가가쿠료雅樂寮의 악제개혁樂制改革 때 통폐합되었다.

구다라고토百濟琴는 백제의 악사가 8세기 일본에 전한 공후箜篌의 일종이다. 23현의 구다라고토는 중국에서 백제로 들여온 것을 다시 일본에 가져갔다. 하지만 당시 일본인들은 그것을 백제의 악기라 여기고 이름을 붙였다. 이는 그만큼 백제로부터의 문물유입이 많았기 때문으로 보인다. 이 현악기의 잔해가 일본 나라奈良의 왕실 보물창고인 정창원正倉院에 보존돼 있다.

한반도에서 일본으로의 고대문화 전파는 일본어문에 이르러 정점을 찍는다. 한국 출신 이민자들, 그리고 한국의 삼국三國에서 온 초기 이주자들이 들여온 한국 문예가 일본 시詩 문학의 형성단계에 기여했다는 것이 미국 언어학자 로이 앤드류 밀러의 진단이다. 이와 관련해 일본 만요슈萬葉集 연구의 권위자인 나카니시 스스루中西進는 대표적 만요萬葉 최전성기의 시인 야마노우에노 오쿠라山上憶良가 백제 사람이라는 학설을 제기했다. 그가 백제 왕실의 고위 의사 집안에서 태어났으며 3세 때 백제가 멸망하자 망명객 틈에 섞여 일본으로 왔다는 것이다. 야마노우에의 만요 가운데 일부는 신라의 향가와 불교철학적 주제를 공유한다.

한편《일본어의 역사》를 저술했으며 한일韓日 비교언어학을 연구하는 옥스퍼드대학의 뱌르케 프렐레스빅 교수는 일본의 초기 비명碑銘에 '한국식' 철자법 형태가 남아 있다고 밝혔다.

표의문자인 한자漢字는 일반적으로 뜻을 나타내는 데 쓰이지만 한국어와 일본어 같은 비非중국어에서는 단어를 음성학적으로 표현하는 데도 사용돼 왔다. 한자를 소리글자로 사용하는 것은 한자 종주국인 한漢나라에서 불교 용어인 산스크리트어를 중국어로 번역하는 과정에서 처음 개발되었다. 이러한 방식은 삼국시대 고구려가 도입하고 이어서 신라와 백제를 통해 한반도 전역에 퍼졌다. 한자로 된 이 표음문자는 고대 한국의 지명을 표기하는 데 광범위하게 쓰였다.

초기 일본어가 어떻게 중국의 표기방식을 변형하여 토착적인 표음문자 철자법으로 발전시켰는지는 불분명하다. 하지만 한반도에서 발달한 필사筆寫기법이 만요가나(가나의 일종으로 한자의 음을 빌려 고대 일본어를 표기한 문자)의 형성과정에서 중요한 역할을 했다고 언어학자들은 말한다. 뿐만 아니라 일본의 가타가나는 한국의 구결口訣과 상징들을 다수 공유하고 있는데 이 또한 한국의 필사 관행과 무관치 않다. 학자들은 대체로 한반도에서 온 이민자들과 그 후손들이 일본에서 쓰기를 개발하는 데 초기 역할을 했다고 본다.

심지어 일본어와 한국어의 친연성親緣性을 넘어 일본어가 한국어에서 유래했다는 견해도 있다. 언어학자 강낙중 교수는 저서 《일본어의 기원》에서 "일본어는 가야어伽耶語다"라고 단언한다.

강 교수에 따르면 현대 일본어는 한국어와의 관계를 단절시키기 위해 의도적으로 고어古語 단어의 형태나 발음을 은폐했다고 한다. 따라서 오늘날 쓰이는 말로는 한국어가 일본어로 바뀌는 데 관여한 음운규칙을 찾아내는 게 거의 불가능하다. 이에 강 교수는 한국의 가야어와 일본의 고어를 비교하여 일본어의 기원이 가야어라는 것을 증명하는 음운규칙을 찾아냈다. 그는 일본어가 가야어이므로 일본이라는 나라 자체가 한국의 분국이라고 주장한다.

지금까지 살펴본 것처럼 한국이 일본에 고대문화를 전파한 것은 엄연한 사실이다. 문제는 민족감정에 치우쳐 그것을 지나치게 부풀리거나 혹은 억지로 부정하는 양극단의 시각이다. 이런 시각은 양국 모두에게 이롭지 못하다. 역사는 있는 그대로 바라볼 때 영감을 준다.

고대일본은 한국의 선진문물을 받아들이되 고유의 것으로 발전시키는 노력도 소홀히 하지 않았다. 합치고 경쟁시키고 정리하는 '화和'의 공정을 통해 일본 특유의 문화를 일궈나갔다. 그건 뒤에 좀 더 알아보기로 하고 다시 현대의 한국과 일본으로 돌아와보자.

현대기술을
한국에 전수한 일본

●

한국의 고대문화 전파를 억지로 부정하는 세력이 일본에 있듯이, 한국에도 일본의 현대기술 전수를 애써 외면하려는 기류가 존재한다. 1965년 한일 국교정상화 이후 일본이 한국의 경제발전에 기여한 부분도 있는 그대로 바라봐야 하지 않을까. 일본의 기술이전과 투자가 결과적으로 한국의 일방적인 무역적자만을 키워왔다는 등의 논리를 지나치게 강조하는 사람도 있다. 일본기업의 필요에 의한 투자와 기술이전이었다 하더라도 그 혜택을 굳이 부정하는 것은 적절치 않다는 생각이다. 한강의 기적은 누가 뭐래도 우리 민족의 위대한 성취임에 틀림없다. 이미 전 세계가 인정한 사실 아닌가.

한일 간의 고대사에 대한 일부 일본인들의 부정이 열등감의 발로이듯이, 현대사에 대한 우리의 감정적 대응도 열등감의 표현으로 치부될 수 있다.

1956년 제일모직이 국산 양복지 '골덴텍스'를 처음 내놓을 때까지 한국 부유층은 마카오에서 들여온 영국제 옷감으로 양복을 지어 입었다. '마카오 양복'을 빼입은 이 부자들을 사람들은 '마카오 신사'라고 불렀다. 마카오 양복 한 벌 값은 당시 일반 회사원 석 달치 월급과 맞먹을 정도로 비쌌지만 멋을 내고 싶었던 부자들은 아랑곳하지 않았다. 반면 당시 서민들은 주로 미군 군복을 염색해서 양복처럼 입고 다녔다. 양복지가 아예 없지는 않았지만, 일제 강점기에 쓰던 구식기계로 생산한 것이라 품질이 거의 군용 담요 수준이었다.

일반인들도 번듯한 양복을 지어 입게 된 것은 골덴텍스가 나오면서부터였다. 골덴텍스는 값이 마카오 양복지의 5분의 1에 불과하면서도 품질은 엇비슷했다. 다만 모직毛織 옷감이라 서민들에게는 다소 부담스러운 가격이었는데, 그래서인지 혼수품으로 인기를 누렸다. 일반인들도 좀 더 쉽게 옷감을 장만하려면 화학섬유가 나올 때까지 기다려야 했다.

한국의 화학섬유 산업은 1960년대 섬유 수요가 다양화되고 모방毛紡업체들이 합성섬유 부문으로 적극 진출하면서 구체화되었다. 모직 옷감을 주로 만들던 제일모직도 화학섬유 산업에 진출했다. 1968년 제일모직은 폴리에스터-레이온(T/R) 혼방混紡소재를 본격적으로 생산하기 위해 경상북도 경산군에서 대규모 공장 신축에 들어갔다.

하지만 공장만 덜렁 지어놓는다고 화학섬유가 생산되는 건 아니다. 관건은 현대적인 산업기술이었다. 제일모직은 일본 도레이와 미쓰이물산을 합작 파트너로 영입해 화학섬유 기술을 제공받았다. 그리고 1972년 경산공장 완공과 동시에 제일모직에서 분사된 화섬업체 제일합섬이 탄생했다.

일본으로부터 들어온 기술력

1965년 한일 국교정상화가 이루어진 이래 한국 산업계는 자체 기술력을 갖출 때까지 일본에 기술과 부품을 크게 의존했다. 1962~1982년 사이에 일본의 대한對韓 직접투자(FDI)는 6억 7,000만 달러로 한국이 유치한 전체 FDI 13억 달러의 절반이 넘었다. 일본의 투자는 섬유, 의류, 가전, 전자, 기계 등 노동집약적 산업에 집중됐다

(전체 투자의 74%).

이 기간에 한국이 해외로부터 받은 기술 이전은 모두 2,281건이 었는데 이 중 절반이 넘는 1,287건이 일본에서 왔다. 이전받은 기술 분야는 전기, 전자, 야금治金, 기계, 정유精油, 화학 등으로 대부분 신흥국 한국에서 즉각 활용할 수 있는, 상대적으로 높지 않은 수준의 기술이었다.

1965년 한일 양국 간 상품교역량은 2억 달러에 불과했다. 그러던 것이 17년 뒤인 1982년에는 47배 늘어 100억 달러에 육박했다. 1965~1982년 기간 중 한국의 전체 수출 가운데 23%가 일본으로 갔으며 전체 수입 가운데 34%가 일본에서 들어왔다. 한국은 수출의 5분의 1과 수입의 3분의 1을 일본시장에, 일본은 수출의 4%와 수입의 2%를 한국시장에 각각 의존했다.

당시 양국 간 교역은 전형적인 '남북무역(선진공업국의 공업품과 후진국의 원료·식량이 교환되는 무역형태. 선진공업국은 주로 북반구에, 후진국은 남반구에 위치한 데서 비롯됐다)'의 형태를 띠었다. 한국의 대일 수출품은 대부분 1차 산품이나 낚시도구, 섬유, 의류, 금속제품 등의 경공업제품이었던 반면 일본의 대한 수출품은 기계, 화학제품, 철강, 기타 금속제품 같은 자본재가 대부분이었다.

한국은 일본과의 교역에서 만성적인 적자를 기록했다.(그 정도가 많이 완화되었다고는 하지만 한국의 대일 무역역조는 지금도 계속되고 있다.)

1965~1982년 사이에 한국은 일본과의 무역에서 240억 달러의 적자를 냈는데, 그 액수는 한국 전체 무역적자의 70%였다.

이 같은 대일 무역적자의 원인은 간단하다. 1960년대 초 이래 한국은 공업화와 수출증대에 필요한 외국기술을 부지런히 도입했는데, 일본은 기술 도입 대상국으로서 최적이었다. 일본산 자본재는 성능에 비해 가격이 싸고 배달과 애프터서비스가 신속했기 때문이다. 게다가 지리적으로 가깝고 문화적으로 친근한 점도 이점으로 작용했다.

하지만 일본은 한국과 맺는 자본 및 기술 공여供與 협약에 까다로운 조건을 붙였다. 예컨대 공공차관이나 공급자 신용을 한국에 제공하면서 대부분 일본제품 구입을 조건으로 내걸었다. 기술과 자본을 제공하면서 장비, 부품, 원료를 일본에서 구입하도록 의무화한 것이다. 이것이 한국의 대일 무역역조가 해소되지 않는 주된 이유였다.

한국 정부는 이런 상황을 문제 삼아 때때로 일본에 부대조건 완화를 요청했다. 그러나 일본 측으로부터 돌아온 반응은 부정적이었다. "한국이 먼저 일본에 기술 지원을 요청해놓고 이로 인한 대일 수입증가와 무역불균형을 문제 삼는 것은 모순이 아니냐"는 논리였다.

사실 일본도 산업화 초기 미국 등 선진국에서 필요한 자본재를 수입했다. 그런데 한국과 달리 일본은 내수시장이 크다. 수입한 자본재를 이용해 새로운 산업을 일으키고 국내에서 육성하는 것이 가능하다. 일본기업은 신제품을 개발하면 국내시장에서 소비자들에게 충분히 검증을 받은 뒤 수출하는 전략을 썼다. 일본의 산업구조는 점차 인력절감형 첨단산업 위주로 변모했다. 효율이 떨어지거나 노동집약적인 산업은 외국으로 내보냈다.

반면, 일본에 비해 내수시장이 좁은 한국은 처음부터 내수보다 수출에 매달릴 수밖에 없었다. 외국에서 자본과 기술을 급하게 들여와 수출품 생산에 매진해야 했다. 지금은 많이 개선된 상태지만 산업화 시대에는 자체 기술개발에 눈을 돌릴 여력이 부족했다. 결국 '개발연대'를 숨 가쁘게 달려온 한국산업의 구조적 한계가 일본에 대한 기술적 의존과 만성 무역적자를 불러온 것이다.

한편 일본이 한국에 부지런히 기술을 전수하던 무렵 일본의 개별기업 차원에서는 '부메랑 효과'를 우려하는 목소리도 있었다. "한국기업에 기술을 가르쳐주는 것은 호랑이새끼를 키우는 일이 아닌가"라는 비판이었다.

하지만 이런 우려는 일시적인 현상에 그쳤다. 손익계산을 해보면 알 수 있었다. 일본기업이 한국기업에 대한 기술 전수를 거부한다면 한국기업은 다른 나라에서 파트너를 찾을 게 뻔하다. 그렇게 되면 해당 일본기업은 국제시장에서 기술 이전을 거부했던 한국기업은 물론 새로운 외국 파트너와 한꺼번에 기술경쟁을 벌여야 한다. 일본기업에 실익이 없으리라는 계산서가 딱 나온다.

　일본기업이 한국기업에 기술을 전수한 데는 이런 계산도 한몫을 했다. 비록 후발주자에게 비교우위를 잃는 것이 시간문제라 할지라도 손을 잡는 편이 장기적으로 보면 이득이라고 판단했기 때문이다. 일본은 50여 년째 한국으로부터 대규모 무역흑자를 기록하고 있다.

세계 제일 한국 vs. 세계 제일 일본

한국이 일본에게서 기술을 대거 도입하던 때로부터 세상은 엄청나게 변했다. 미국 싱크탱크인 경제전략연구소(ESI)의 클라이드 프레스토위츠 소장은 미국 외교전문지 〈포린폴리시〉 인터넷판(2012년 6월 7일자)에 '세계 제일 한국(Korea As Number One)'이라는 글을 실었다. 그는 이 글에서 "일본의 놀라운 경제 성장을 지켜보던 하버드대학의 에즈라 보겔 교수가 1979년 《세계 제일 일본(Japan As

Number One)》이라는 책을 썼다면 이제는 《세계 제일 한국(Korea As Number One)》이라는 책을 새로 써야 할 판"이라고 한국의 산업수준을 높게 평가했다.

프레스토위츠는 "한국인들은 일본이 할 수 있는 것이라면 무엇이든 일본보다 더 잘할 수 있다고 오랫동안 믿어왔으며, 이제 그것을 증명하는 중"이라고 단정했다. 그는 이어 "1970~1980년대 도시바, 샤프, 파나소닉, 히타치 등 일본기업이 RCA, 모토롤라, 인텔 등 미국 가전업체들을 죽였던 것처럼 오늘날 한국의 삼성, 엘지, 하이닉스 같은 기업에 의해 (일본기업들이) 패배하기 직전"이라고 말했다. 또 "한때 일본 소니가 TV의 왕이었지만 지금은 삼성이 왕"이라면서 "이러한 현상은 자동차산업에서도 마찬가지"라고 소개했다.

한국산업을 극찬하는 글이 세계적인 잡지에 실릴 정도로 한국기업의 기술력이 크게 높아졌다는 이야기다. 실제로 적지 않은 산업분야에서 일본기업에게 기술역전을 이뤄냈다. 그러나 1960~1980년대에 일본이 활발한 기술 전수를 통해 한국의 산업발전을 적극 지원한 것은 부인할 수 없는 사실이다. 지금도 자본재 수입에 따른 대일 무역역조는 개선될 조짐이 보이지 않는다. 한국의 수출이 늘어나면 늘어날수록 일본으로부터의 수입도 증대된다.

한국과 일본은 어쩌면 우리가 생각하는 것 이상으로 긴밀히 결속돼 있는지도 모른다. 이제 현재와 과거의 대화를 통해 그 연결고리를 찬찬히 찾아봐야 할 때다. 한국이 일본에 고대문물을 전파하던 시대부터 침략과 근대화, 군국주의의 소용돌이를 지나 경제협력 파트너이자 동아시아의 견원지간으로 부침을 거듭하는 오늘날까지 시간여행을 떠나볼 참이다.

2장

·

한반도를 왜곡한 일본 고대사

황당무계한 진구황후의
'삼한정벌설'

●

역사학자들은 일본열도에 1만 2천~3만 년 전부터 사람이 살았다고 본다. 일본인의 기원은 확실치 않으나 우리나라 사람과 생김새가 비슷한 것으로 보아 중국이나 한반도에서 건너갔을 수 있다. 여기에 남방에서 건너온 원주민이 합쳐졌다고 보는 것이 학계의 통설이다.

현재 일본의 홋카이도와 러시아의 사할린, 쿠릴열도 등지에 분포하는 소수민족인 아이누족族이 일본 원주민으로 파악된다. 문화인류학자들은 일본인이 대체로 키가 작고 뻐드렁니가 많은 것은 남방계의 영향이며, 털이 많은 것은 아이누족의 영향이라고 본다.

일본은 8세기 나라시대에 편찬된 역사서《일본서기日本書紀》를 근거로 일본이 2,600여 년 전에 건국됐다고 선전한다. 이 책에는 "기원전 660년에 진무神武 천황이 즉위하였다"는 기록이 나온다. 하지만 이는 조작된 역사일 뿐이다.

세계 역사학계의 정설에 따르면 서기 300년 경 일부 주민들이 쌀 재배에 성공하여 혼슈의 남서부 야마토大和 평야에 정착촌을 이루기 시작했다. 이 영구 정착촌은 쌀로 내는 세금에 의해 운영되는 정치집단, 즉 국가로 발전했다. 야마토 평야의 지배권을 놓고 여러 씨족들이 다투던 끝에 이윽고 야마토 가문이 맹주로 등장했다. 이 시기가 6세기 무렵이었다.

야마토 정권은 지배권을 상속받는 자를 천황天皇이라 칭하고 권위를 높이기 위하여 신화적인 요소로 포장했다. 과거 씨족사회까지 거슬러 올라가 전설 속에 등장하는 인물과 사건들을 왕실의 역사로 소환했다. 고대일본을 다룬 역사기록은 이 때문에 황당무계한 내용들이 가득하다. 그 가운데 대표적인 것이 진구황후神功皇后의 '삼한정벌설三韓征伐說'이다.

실존적 현실성 없는 허구

《일본서기》에 따르면 진구황후는 남편인 주아이천황仲哀天皇과 함께 "장차 부유한 땅을 얻을 것"이라는 신의 계시를 받았다. 주아이천황은 그 계시를 믿지 않고 죽었지만 진구황후는 달랐다. 서기 200년 그녀는 군대를 이끌고 한반도로 쳐들어갔다. 그 군대가 이른 곳은 신라였다. 신라왕은 저항하지 않고 항복하였다. 《일본서기》는 진구황후가 정벌에 나섰을 때 죽은 남편의 아들을 임신한 상태였다고 전한다. 그녀는 돌로 배를 눌러 출산을 지연시켰다. 아들을 낳은 것은 삼한三韓 획득 후인 201년 5월 1일 우미(宇瀰, 현 후쿠오카 지역)에서였다. 상식적으로 누가 보더라도 사실로 믿기 어려운 이야기다.

재미 건축가 이선배 옹은 저서 《조선 식민지 고대일본》(엠북스, 2014)에서 한일 고대사에 관한 일본 역사책의 허위 기술 등을 검증한 바 있다. 《일본서기》에 기록된 진구황후의 삼한정벌설에 대해 그는 "황당무계한 괴기 소설과 진배없어 일본학자들조차 실존적 현실성이 없다고 결론 낸 상태"라고 밝혔다.

실제로 일본에서도 양심적인 지식인들은 대부분 허구로 여긴다. 일본의 유명작가 오다 마코토小田實는 1992년 임진왜란 발발 400주년을 맞아 《소설 임진왜란》(원제 : 民岩太閤記)을 일본과 한국에서 동시 출간했다. 이 책에서 오다는 소설가답게 상상력을 섞어 진구 황후의 삼한정벌설이 얼마나 터무니없는 이야기인지 설명하고 있다. 그는 만약 삼한정벌이 있었다 해도 일본 안에서 일어난 일이라고 본다.

오다 마코토가 이렇게 단정한 것은 무엇보다 당시(서기 200년) 일본의 빈약한 해군력으로는 한반도 원정이 가능하지 않았기 때문이다. 망해가는 백제를 구하기 위해 일본군이 바다를 건너 나당 연합군과 싸운 적은 있지만 그것도 500년 가까이 지난 훗날의 이야기다. 전설 속의 진구황후 시대에는 군대를 이끌고 바다를 건너는 것이 애당초 불가능했다.

오다에 따르면 임진왜란 당시에도 일본의 조선造船기술은 형편없었다. 그것이 일본해군이 이순신의 조선 함대에게 대패한 이유 중의 하나다. 당시 일본에 와 있던 서양 선교사들도 일본 군함은 보기에는 번드르르하지만 실질적으로는 허약하기 짝이 없다고 증언했다. 이 때문에 도요토미 히데요시는 서양 선교사들이 일본에 건너올 때 타고 온 튼튼한 배를 매우 탐냈다고 한다. 이 같은 사실은 포르투갈 출신 예수회 선교사 루이스 프로이스가 쓴 《일본사》에 생생하게 묘사되어 있다고 오다는 전한다.

임진왜란 때 일본군 선봉부대를 이끌고 부산에 상륙한 지휘관은 고니시 유키나가小西行長였다. 천주교 신자인 고니시는 포르투갈 종군신부 그레고리오 데 세스페데스를 데리고 왔다. 조선에 입국한 적이 없는 프로이스는 아마 세스페데스를 통해 임진왜란 당시 조선 사정을 들었던 것으로 추정된다. 덕분에 프로이스는 임진왜란에 대해 비교적 객관적인 기록을 남길 수 있었다.

조선병사들은 지리에 밝아서 각처에 매복하고 일본군을 습격했다. 일본군을 마음껏 살육하고 식량을 빼앗아 갔다. 그 다음으로 일본군이 맞닥뜨린 두 번째 어려움은 조선군이 연합군을 편성하고 수많은 선박에 탑승하여 습격해온 일이다. 조선 배는 튼튼하고 당당하며 배에다 무기·식량·탄약을 가득 실었다. 바다를 휩쓸며 일본 배를 보는 대로 습격해 막대한 손해를 입혔다.

― 〈역사산책〉 1992년 2월호, 박태근 역

이처럼 임진왜란 당시에도 해군력이 약해 패하고 말았던 일본이다. 까마득한 옛날인 진구황후 시절 대군을 이끌고 바다를 건너 삼한을 친다는 것은 있을 수 없는 일이라고 오다 마코토는 잘라 말한다.

임나일본부는
일본 땅에 있었다

●

진구황후 삼한정벌설의 연장 선상에서 일본이 가공해낸 학설로 '임나일본부설任那日本府說'이 있다. 일본 역사학자들은 이를 '남선경영설南鮮經營說'로도 부른다. 고대일본의 야마토 왕국이 4~6세기에 약 200년간 한반도 남부를 통치했다는 것이 이 학설의 골자다. 한반도의 낙동강과 섬진강 사이 6가라加羅를 정복하여 임나일본부라는 일종의 총독부를 두고 직할 식민지로 삼았다는 것이다. 나아가 백제와 신라, 그리고 고구려도 임나일본부를 통해 야마토 왕국에 조공을 바쳤다고 주장한다.

이 학설을 세운 으뜸가는 일본인 학자는 경성제대 교수였던 스에마쓰 야스카즈末松保和다. 스에마쓰 등은 임나일본부설을 제기하면서 "한漢이 기원전 108년에 한반도 서북부에 한사군漢四郡을 설치해 313년까지 다스렸고, 4세기부터는 왜가 한반도 남부를 점령했으니 고대로부터 외세의 식민지였던 조선에는 제대로 된 고대사가 존재하지 않는다"고 못 박았다. 일제는 이런 어용 사학자들의 주장을 식민지 조선의 통치를 정당화하는 데 끌어들였다. 일본 국민과 조선인을 상대로 "우리가 조선을 통치하는 것은 과거 우리가 지배했던 식민지를 회복한 것"이라는 식의 억지 논리를 폈다.

임나일본부의 실체

임나일본부설이 날조라는 것을 국내 역사학자들은 그간 다각도로 파헤쳐왔다. 여러 사료史料를 들어 일본 측의 주장을 반박해왔는데, 그 가운데 일반인들도 쉽게 이해할 수 있는 결정적인 반증反證이 바로 '일본日本'이라는 용어다. 중국 사서史書에 '왜倭'로 기록되던 나라에서 '일본'이라는 용어를 처음 만들어 사용한 것은 7세기 말~8세기 초다. 이것은 일본 학자들도 인정한다. 그런데 '일본'이라는 용어가 생기기도 전인 4~6세기에 어떻게 '일본부日本府'라는 명칭의 기관이 한반도에 설치될 수 있었겠는가? 명칭부터 훗날 《일본서기日本書紀》(서기 720년 완성) 편찬자가 날조한 것이다.

일본 학자들이 조선 침략의 선전물로 활용해온 임나일본부설의 허구를 일찍이 학술적으로 논파한 역사학자는 김일성종합대학 교수 김석형金錫亨이었다. 김석형은 1930년대 말 경성제대 학생으로 임나일본부설의 원조元祖인 스에마쓰에게 직접 강의를 들은 바 있다. 그는 1963년 〈삼한三韓 삼국의 일본열도 진출〉이라는 논문을 발표해 스에마쓰의 임나일본부설을 밑바닥에서부터 뒤흔들었다.

삼한·삼국이 일본열도 내에 분국分國을 두고 있었다는 이 학설로 김석형 교수와 그 제자들은 한일韓日 고대사 학계에 일대 충격을 던졌다. 그들은 일본 기비吉備 지방을 중심으로 《일본서기》에 나온 10개 가라국을 모두 찾아냈을 뿐 아니라 몇 개 가라계열 소小분국을 더 찾아냈다. 이로써 야마토 국이 임나일본부를 두어 통치했다는 10개 가라국은 한반도 내의 6가라가 아니라 일본열도로 이주해 들어간 6가라 계열 이주민들의 분국들과 관련된 것이었음이 증명됐다.

김석형 교수는 나아가 기나이畿內의 야마토세력大和勢力이 주변의 일본열도를 통합하기 시작한 것은 6세기에 들어서야 겨우 가능했다는 학설을 폈으며, 그의 이런 견해는 일본 학계에서도 이제 통설이 되어 있다.

임나일본부의 실체를 정확하게 기술한 외국인 학자로 컬럼비아 대학의 개리 레디어드Gari Ledyard 교수가 있다. 레디어드는 "부여 기마족이 369년에서 505년까지, 즉 15대 오진應神 천황 무렵부터 26대 게이타이繼體 천황 때까지 130여 년간 야마토를 정복하여 통치했다"고 단정적으로 주장했다.

이와 관련하여 미국의 동양미술사학자 존 카터 코벨 박사는 2006년 발간한 저서 《일본문화에 미친 한국의 영향》에서 일본에는 4세기까지 북방에서 온 전투마가 존재하지 않았다고 말한다. 그런데 4세기부터 북방의 전투마와 관련된 유물들이 일본에서 쏟아져 나오기 시작했다는 것이다. 코벨도 레디어드처럼 일본 내 가야왕국의 역할을 강조했다. 369년 일본 해안에 상륙한 기마부대가 가야에서 왔기 때문이다.

스에마쓰에 의해 학문적으로 정립된 임나일본부설은 오랫동안 일본 고대사 연구자들 사이에 정설로 인식되어 왔다. 그러나 김석형의 '분국론分國論'이 발표되자 그 충격에 의해 1970년대 이후 일본 사학계에서 임나일본부설에 대한 재검토가 활발히 이루어졌다. 임나일본부의 실체를 놓고, 가야 지역에 존재했던 일본 거주민들을 통제한 행정기관이다, 백제가 가야에 파견한 백제군사령부다, 왜가 가야에 파견한 외교사절이다 등 갖가지 주장이 나왔다.

임나일본부를 놓고 한일 간에 역사왜곡 논란이 지속되던 중 2001년 일본 후소샤 역사교과서 왜곡 파문을 계기로 2002년 한·일 역사공동연구위원회가 출범했다. 이 위원회는 지속적인 연구 끝에 2010년 3월 23일 제2기 최종연구보고서를 발표했다. 한일 양측은 "4~6세기 당시 야마토 정권이 한반도 남부에서 활동하면서 임나일본부를 설치해 지배했다는 주장은 근거가 없다"는 데 의견을 같이하고, 임나일본부설에 대한 일본 교과서의 내용을 폐기하는 데 합의했다.

임나일본부 문제에 대해 한·일 양국 역사학자들이 이렇게 합의했음에도 불구하고 일본 문화청은 인터넷 홈페이지에 여전히 한반도 남부 지역을 '임나'라고 표기해놓고 있다.

일본 도쿄국립박물관에는 수많은 한국 문화재가 전시돼 있다. 이 가운데 용무늬 고리 자루칼單龍文 環頭大刀의 경우 박물관 측은 유물을 설명하는 카드에 한글, 일문, 영문으로 '6세기 삼국시대' 것이라고 적어놓았다. '전傳 한국 창녕 출토', 즉 '창녕에서 나온 것으로 알려졌다'는 뜻도 기입했다. 고리자루칼을 비롯해 이곳에 전시된 창녕 유물 모두 비슷한 유물 카드를 적어놓았다.

그런데 일본 문화청의 인터넷 홈페이지는 같은 유물을 소개하면서 '임나任那 시대의 유물'이라며 '임나'에서 출토되었다고 표기해놓았다. 2015년 4월 초순 한국 기자들이 아오야기 마사노리青柳正規 일본 문화청 장관에게 문제의 창녕 유물에 대한 홈페이지 설명을 바로잡을 생각이 없느냐고 물었지만, 아오야기 장관은 "고칠 계획이 없다"고 밝혔다. 이처럼 일본은 내심 '임나'라는 용어를 계속 붙들고 싶어 한다.

일본이 진구황후의 삼한정벌설이나 임나일본부설을 내세우는 배경에는 한반도 침략의 당위성과 연결지으려는 세력들이 도사리고 있다.

일본 왕실에 흐르는
한국인의 피

●

지난 2001년 12월 23일은 아키히토明仁 일왕의 68회 생일이었다. 이날 일본 신문들은 왕의 생일을 맞아 왕을 인터뷰한 내용을 보도했다. 이 인터뷰에서 왕은 "한국과의 연緣을 느끼고 있다"면서 "개인으로서는 간무桓武 천황(737~806)의 생모가 백제 무령왕(武寧王, 462~523)의 자손이라고 속일본기續日本記에 쓰여 있는 데 대해 한국과의 연을 느끼고 있다"고 말했다. 일왕이 말한 간무 천황의 생모는 8세기 화씨和氏부인이다. 그녀는 왜 왕실에서 백제조신百濟朝臣이라는 벼슬을 지낸 화을계和乙繼의 딸이었다. 화을계는 백제 무령왕의 직계 후손이다.

일왕은 이어 "무령왕은 일본과의 관계가 깊고 당시 일본에 오경박사五經博士(《주역周易》, 《시경詩經》, 《서경書經》, 《예기禮記》, 《춘추春秋》 다섯 경서經書에 능통한 사람에게 백제 조정에서 준 관직)가 대대적으로 초빙됐다"고 덧붙였다. 그는 또 "무령왕의 아들 성명왕(聖明王, 재위 523~554)은 일본에 불교를 전해준 것으로 알려져 있다"면서 "한국과의 교류는 그러한 교류만이 전부는 아니었으며 우리는 이것을 잊어서는 안 된다"고 말했다.

일왕은 "일본과 한국민 사이에 예로부터 깊은 교류가 있었다는 것은 일본서기 등에 자세히 나와 있으며 한국에서 온 사람들과 초빙된 사람들에 의해 다양한 문화와 기술이 전해졌다"고 한일 관계에 대해 총평했다. 특히 "궁내청宮內廳 악사 중에는 당시 한국에서 이주한 자손이 대대로 악사를 하고 지금도 가끔 아악을 연주하는 사람이 있다"면서 "이러한 문화와 기술이 일본인의 열의와 한국인의 우호적 태도에 의해 일본에 전해진 것은 다행한 일이며 그 후 일본의 발전에 크게 기여했다고 생각한다"고 덧붙였다.

일본 황실에 백제 왕실의 피가 흐른다

"일본 황실에 백제 왕실의 피가 흐르고 있다"는 아키히토 왕의 발언은 역대 일본 왕이 한 혈통임을 주장하는 이른바 '만세일계萬世一系'의 황국사관皇國史觀과 정면충돌하는 내용이었다. 일왕이 오랜 금기를 깨뜨리자 일본은 엄청난 충격에 빠졌다. 대부분의 일본 언론이 왕의 인터뷰 발언 중에서 "양국 국민이 이해하고 신뢰해야 한다"는 내용만 보도하고 백제와의 관련 부분을 뺐을 정도였다. 평소 왕에 대해 맹목적인 충성을 다짐하는 우익에서조차 그 발언을 비판하는 목소리가 나왔다.

일왕의 이러한 발언에 대해 오랫동안 백제사를 연구해온 재야사학자 김성호 박사는 "일본 왕가에 백제 왕실의 피가 섞였다는 아키히토 일왕의 발언은 '깃털'에 불과하다"고 국내 언론과의 인터뷰에서 논평했다. 김 박사는 "아키히토 일왕이 언급한 간무 천황뿐만 아니라 일본 왕가 자체가 '몸통'으로서 백제인의 후예"라고 주장했다.

1982년 《비류沸流백제와 일본의 국가기원》을 펴내 주목받았던 김성호 박사는 "백제는 기원이 다른 온조溫祚백제와 비류백제가 따로 있었다"고 전제하고 "비류백제의 마지막 왕인 오진應神이 서기 396년 고구려 광개토왕의 공격을 받고 일본으로 건너가 15대 일왕이 됐다"고 본다. 실제로 오진은 이전의 일본 왕들과 다른 성을 사용함으로써 일본서기가 표방하는 만세일계 황통皇統에도 어긋난다. 이 설에 따르면 아키히토 일왕이 간무의 생모 다카노 니가사高

野新笠가 백제 무령왕의 후손이라고 밝힌 것은 한일 고대사 전체를 돌아볼 때 아주 작은 한 부분에 불과하다.

김 박사는 "왜倭는 일본의 토착민이 아니라 중국의 해상민족이었던 오吳족이 한반도를 거쳐 건너간 것"이라며 "고대 역사서에 언급된 왜의 존재와 광개토왕이 주몽의 후손인 온조백제를 남겨두고 조상이 다른 비류백제를 멸망시킨 것을 규명하는 일은 베일에 싸여 있는 한일 고대사를 푸는 열쇠"라고 말했다.

일왕이 한국과의 인연을 언급한 지 3년여 뒤인 2004년 8월 3일 충남 공주에서 일왕이 한국인의 후손임을 입증할 중요한 행사가 거행되었다. 아키히토 일왕의 당숙인 아사카노 마사히코朝香誠彦 왕자가 아키히토 일왕의 허락을 얻어 공주에 있는 무령왕 왕릉(송산리 제7호 고분)을 조용히 찾아와 제사를 지냈다.

그는 일본 왕실에서 가지고 온 고대 일본 왕실의 향을 향로에다 피우며 제삿술과 제사용 과자 등 제물을 진설하고 무령왕의 영전에 깊이 머리 숙여 절을 올렸다. 그는 무령왕릉 참배 후 공주시청을 방문해 일본 왕실에서 가지고 온 향과 향로를 공주시장에게 기증했다. 그는 이 자리에서 "일본으로 돌아가면 무령왕릉을 관찰한 내용을 천황에게 자세히 보고하겠다"며 "기증하는 향로와 향을 박물관이나 무령왕릉 등에 전시해 많은 사람들이 볼 수 있도록 해달라"고 당부했다.

이어 2009년 4월에는 백제 제26대 성왕의 제3왕자인 임성태자琳聖太子의 45대 직계 후손인 오우치 기미오大內公夫 씨가 부여 능산리 2호분(백제 성왕의 능으로 추정)을 찾아 제문을 올렸다.

일본 천황은 흔히 126대(현재의 황태자 나루히토)까지 한 조상으로부터 이어진 만세일계라고 한다. 하지만 이것은 일본 사람들조차 믿지 않는다. 일본 역사학자 미즈노 유우水野祐는 일본 천황가가 세 번 바뀌었다는 '3왕조 교체설'을 주장한다. 그리고 1대부터 10대는 실재하지 않았던 가공의 기록이라고 보는 것이 일본 학계의 공통적인 견해이다. 미즈노 유우는 저서《일본 고대 국가 형성》에서 최초로 일본을 지배한 천황은 백제인의 후손인 15대 오진(應神, 4세기) 천황과 16대 닌토쿠(仁德, 5세기) 천황 부자라고 주장했다. 미즈노의 이러한 주장은 앞에서 살펴본 레디어드 교수, 코벨 박사의 주장과 일치한다.

백제인이 되었건 부여기마족이 되었건 한반도에서 건너간 사람들이 369년부터 505년까지 130여 년간 일본을 다스렸다는 주장과 관련하여 코벨 박사의 견해를 좀 더 자세히 살펴보자.

코벨 박사, "부여기마족이 일본을 세웠다"

여성학자인 코벨 박사는 서구학자로서는 처음으로 1941년 미국 컬럼비아대학에서 〈15세기 일본의 선화가禪畵家 셋슈雪舟 연구〉로 일본미술사 박사학위를 받았다. 이후 일본 교토 다이토쿠지大德寺 에 오랫동안 머물며 불교미술을 연구했다. 그리고 1959~78년 미국 리버사이드 캘리포니아주립대와 하와이대학 등에서 한국미술 사를 포함한 동양미술사를 강의했다.

그러다 뒤늦게 일본문화의 근원인 한국문화를 깊게 연구해야겠다며 1978년 한국에 건너와 1986년까지 아들 앨런 코벨Alan Covell 과 함께 서울에 체류했다. 이 기간 중《한국이 일본문화에 미친 영향》 등 한국문화 관련 저작 5권을 출간했다. 그는 한중일 미술을 섭렵한 해박함으로 미술사에서 고고학과 역사 연구로 이어진 작업에서 한국인의 먼 조상인 부여기마족의 존재와 일본에 건네져 한국 국적을 잃고 있던 한국미술의 존재를 밝히는 작업에 집중했다.

그의 저술 가운데 우리가 특히 주목하는 것은《부여기마족과 왜》(김유역 역, 글을 읽다, 2006)와《한국문화의 뿌리를 찾아》(김유경 역, 학고재, 1999)이다. 코벨은 이 저작들에서 부여기마족이 왜를 정벌해 일본을 세웠지만 일본은 지난 1,300년간 한국과 관련된 역사를 왜곡·날조하고 있다고 주장한다. 그는 고대 천황부터 30대 천황까지 부여인들과 백제인들이었으며 일본 황실은 순수 한국인 혈통에 의해 지배됐다고 말한다.

그는 미술사학자답게 일본 최대의 고분인 닌토쿠 왕릉仁德王陵을 예로 든다. 세계에서 가장 큰 무덤이라는 닌토쿠 왕릉은 오사카 사카이堺市에 있는데 전장이 무려 486m다. 닌토쿠 천황도 백제인이라고 주장하는 일본 역사학자도 있는데, 코벨은 닌토쿠 왕릉의 발굴이 당국에 의해 중단된 것은 만약 발굴하면 그 속에서 백제 유물이 쏟아져 나올 것이 뻔해서라고 본다.

코벨의 이러한 주장에 대해 일본에서는 "한국인들은 한일 고대사와 관련해 한국에 유리한 것만 받아들이는 경향이 있다"며 "코벨은 역사학자가 아닌 미술사학자에 불과할 뿐"이라고 코벨의 학설을 애써 비판하는 사람이 많다.

홍윤기 교수는 일본 천황가의 70%는 백제 왕실 후손이며 10% 이상은 신라계라고 그의 저서에서 주장하고 있다. 일본의 저명한 학자 중에도 홍 교수의 주장에 동의하다 일본 우익의 협박에 시달린 사례도 있다.

DNA분석 기술의 눈부신 발달 속도로 미뤄볼 때 즉석에서 혈연을 확인할 수 있는 시대가 곧 도래할 것이다. 일본 천황가의 백제 후손설도 조만간 과학적으로 밝혀질 수밖에 없다. 이미 한국인과

일본인의 DNA 분석 결과 인류학적으로 대부분 같은 조상이라는

연구도 발표됐다.

끔찍한 트라우마로 남은
백촌강 참패

●

서기 660년 나당羅唐 연합군이 백제를 멸망시켰다. 백제에서 부흥운동이 일어났고 백제 의자왕義慈王의 아들 부여풍扶餘豐은 왜국에 원병을 요청했다. 백제의 요청을 받은 왜국의 사이메이齊明 천황은 660년 12월 백제 출병을 결정했다. 사이메이는 백제 무령왕의 손녀라고 홍윤기 교수는 여러 강연과 저술을 통해 주장하고 있다.

사이메이 천황은 오사카의 난파궁難波宮으로 가서 군수품을 준비하고 전국에 1천 척의 전함을 건조하라고 명했다. 그리고 직접 현장을 지휘하기 위해 예순이 넘은 고령에도 불구하고 661년 1월 규슈로 건너갔다. 그녀는 규슈로 가는 도중에 여러 지역에 들러 병력·군수물자 징발을 독려한 것으로 전해진다. 열심히 출병준비를 독려하던 사이메이는 그러나 그해 7월 24일 급사한다.

그러자 어머니가 준비하던 전쟁을 아들이 이어받았다. 훗날 덴지天智 천황이 된 나가노오에中大兄 황자皇子는 백제에서 당을 완전히 몰아내지 않으면 왜가 당에 먹힐지 모른다고 생각했다. 나가노오에는 663년 나당 연합군과 싸우기 위해 1,000척(일부 중국의 역사서 등에는 580여 척 혹은 400여 척으로 주장)의 함선에 2만 7,000명의 병력을 태워 지금의 금강 하류로 추정되는 백촌강白村江으로 보냈다.

나당 연합군의 전함은 180여 척에 불과했으나 왜군은 이 전투에서 대패했다. 패배의 원인은 정확히 밝혀지지 않았지만 전투가 개시될 즈음 강풍이 불어와 수적으로 월등히 우세한 왜군이 제대로 싸우지 못했다는 주장도 제기됐다.

백촌강전투에서 참패한 왜 조정은 당唐군의 침공에 대비할 목적으로 망명 백제인 기술자들을 동원해 축성築城공사에 들어갔다. 쓰시마對馬島의 가네다성金田城을 비롯해 세토내해 연안과 야마토 지역에 걸쳐 요충지마다 오노성大野城·기이성基肄城·나가토성長門城·다카야스성高安城 같은 한반도식 산성山城을 축조했다.

동아시아에서 백촌강전투가 갖는 의미

왜가 전 국력을 기울이다시피 하여 백촌강에 병력을 파견하고 이 싸움 패배의 여파로 끝내 덴지 천황 정권까지 무너진 것을 어떻게 해석해야 할 것인가. 백촌강전투를 놓고, 일본 학계에서는 백제가 일본의 속국 또는 조공국이었기 때문에 출병하게 됐다는 이른바 '고대 제국주의 전쟁설'이 통설이었다. 반면, 국내 학계에선 백제에서 건너간 사람들이 야마토 정권의 지배층을 구성했으며 이들이 조국을 해방시키기 위해 출병한 '조국부흥 전쟁설'을 주장해왔다. 특히 홍윤기 교수는 천황가가 백제 출신이어서 백제부흥을 위해 출병한 것은 지극히 자연스럽고 당연했다는 논지를 펴고 있다.

물론 한일 양측의 주장 모두 아직 확인되지 않아 아전인수의 성격이 강하다.

좀 더 중립적인 학설도 있다. 한일 고대사에 관한 저작을 여럿 출간한 역사학자 김현구 교수는 저서 《백제는 일본의 기원인가》(창비, 2002)에서 왜의 백촌강전투를 당나라가 일본까지 쳐들어올 것이라는 위기의식에서 나온 '예방전쟁'이라고 규정한다. 김 교수는 백촌강전투를 삼국三國과 당나라, 일본 등 동아시아 제諸세력이 처음으로 한반도에서 격돌한 전쟁이라고 본다. 이는 신라·일본·당이라는 동아시아 세계의 틀이 형성돼가는 과정에서 나타난 현상이며, 한·중·일이라는 오늘날 동아시아 3국 출현의 원형이 되었다.

　김 교수는 나아가 백촌강전투가 동아시아 정치지형과 관련해 갖는 의미를 이렇게 들려준다. "서기 7세기(663년) 중국 당나라와 신라의 연합군과 일본과 백제, 고구려 연합군이 금강 하구에서 교전한 백촌강전투는 중국 당나라가 한반도를 지배하려는 것에 대해 위기의식을 느낀 일본이 이를 저지하기 위해 병사를 보내 일어난 전쟁이었다. 반면 16세기 일본이 임진왜란(1592년)을 일으켜 한반도를 지배하려고 하자 중국 명나라도 이를 막기 위해 군대를 파견했다. 중국과 일본 모두 각각 상대방이 한반도에서 영향력을 확대하는 것을 좌시하지 않고 서로 견제해온 것이다. 이는 아시아에서 패권주의가 용납되지 않는 것을 의미할 뿐만 아니라 바로 여기에 고대 한일관계를 재조명해야 하는 이유가 있다."

　백촌강전투는 현대 일본인에게도 고대 역사가 남긴 트라우마가 되고 있다. 인구가 얼마 되지 않았을 663년에 2만 7,000명이라는 대군을 전국 각지에서 동원하는 것은 현대에 수십만 명을 징집하는 것과 다를 바 없었다. 그런 거국적인 출병이 "백촌강에서 일본 군선 수백 척이 타올라 하늘과 바다가 화염으로 새빨갛게 물들었다"고 할 만큼 참패로 끝났으니 일본이 받았을 충격이 얼마나 컸을지 충분히 짐작된다.

현대 일본 교과서도 그 충격에 대해 다음과 같이 기술하고 있다. "백촌강 패배는 일본으로서는 큰 충격이었다. 당과 신라의 내습을 우려한 일본은 큐슈에 사키모리(바닷가를 지키기 위하여 동일본 지역에서 징발한 병사)를 배속시키고, 미즈끼(큐슈의 다자이후를 방위하기 위해 쌓은 토루와 성)를 만들어 거국적으로 방위에 진력했다."

우리 역사서는 백촌강전투를 외면하다시피 해왔다. 1,300여 년 전 엄청난 숫자의 전함과 수만 명의 병력을 한반도에 파병할 정도로 강국이었던 일본의 실체를 당시에 몰랐던 것일까. 아니면 당시 사가史家들이 애써 무시한 것인가.

필자가 배운 지식의 바탕에는 당시 왜가 한반도로부터 선진문물을 받아들이기에 바쁜 약소국, 아니면 아직 국가의 틀도 제대로 다져지지 않은 섬나라 정도로 각인돼 있다.

3장

●

일본의 잔혹한 한반도 침략사

한반도 침략의 앞잡이,
왜구(倭寇)

●

한국인에게 일본은 뭐니 뭐니 해도 '침략侵略'의 아이콘이다. 일제 강점의 치욕은 지금도 욱신거리는 트라우마로 남아 있으며, 임진왜란의 상처 역시 지울 수 없는 흉터로 새겨져 있다. 그 밖에도 한국사는 일본의 크고 작은 침략으로 얼룩져 있다. 이 대목에서 그 악몽 같은 침략의 기억들을 짚고 넘어가지 않을 수 없다.

뿌리 깊은 왜구의 흔적

우리나라 역사학계에서는 아득한 옛날부터 일본이 한반도를 900

여 차례 침범했다고 본다. 여기서 편의상 일본이 침범했다고 적었지만, 일본이라는 국가가 900여 차례 침범한 것은 아니다. 근세와 임진왜란을 제외하고는 대부분 조정의 통제에서 벗어난 지방호족 또는 해적세력이 침공을 주도했다. 한국사에서는 그들을 '왜구(倭寇)'라고 부른다. 여기서 '구(寇)'는 '떼강도'를 의미한다. 일본의 떼강도란 말이다.

"8년(기원전 50년), 왜인이 병사를 일으켜 변경을 침범하려다가, 시조에게 신령스러운 덕망이 있다는 말을 듣고 바로 돌아갔다(八年 倭人行兵 欲犯邊 聞始祖有神德 乃還)."

《삼국사기》 신라본기 박혁거세 조(條)에 실린 이 기사(記事)는 우리나라 사서(史書)에 '왜(倭)'의 존재가 처음 언급된 것이다. 이때까지만 해도 '왜'에서 건너온 사람은 '왜인(倭人)'이었지 떼강도를 뜻하는 '왜구'는 아니었다. 게다가 '왜인'은 신라 국경을 건드려 보려다가 포기하고 돌아간 것으로 되어 있다. 침범이 아니라 침범 시도에 그치고 있다.

"(영락) 9년(399년) 기해년에 백잔(백제)이 맹서를 어기고 왜와 화통하였다. [이에]* 왕이 평양으로 행차하여 내려갔다. 그때 신라왕이 사신을 보내어 아뢰기를 '왜인이 그 국경에 가득 차 성지(城池)를 부수고 노객(신라왕)으로 하여금 왜의 민으로 삼으려 하니 이에 왕께

귀의하여 구원을 요청합니다'라고 하였다. 태왕(광개토대왕)이 은혜롭고 자애로워 신라왕의 충성을 갸륵히 여겨, 신라사신을 보내면서 [고구려 측의] 계책을 [알려주어] 돌아가서 고하게 하였다."

414년 광개토대왕의 아들 장수왕이 세운 '광개토대왕비'(중국 지린성(吉林省) 지안현(集安縣) 퉁거우(通溝) 소재)에 나오는 내용이다. 여기서도 '왜구'는 등장하지 않으며 단지 '왜인'이 신라왕을 협박하고 있다는 정도다. 다급해진 신라왕이 광개토대왕에게 구조요청을 하고 있지만 고구려 측의 응답은 군사적인 대응이 아니라 신라의 안보와 관련된 계책, 즉 일종의 밀약密約을 전하는 수준이다.

"(영락) 10년(400년) 경자년에 왕이 보병과 기병 도합 5만 명을 보내어 신라를 구원하게 하였다. [고구려군이] 남거성男居城을 거쳐 신라성新羅城에 이르니, 그곳에 왜군이 가득하였다. 관군이 막 도착하니 왜적이 퇴각하였다. (중략) 왜구가 크게 무너졌다. 옛적에는 신라 매금寐錦이 몸소 고구려에 와서 보고를 하며 청명廳命을 한 일이 없었는데, 국강상광개토경호태왕(광개토대왕) 대에 이르러 [이번의 원정으로 신라를 도와 왜구를 격퇴하니] 신라 매금이 하여 [스

---

* [ ] 부분은 복원한 문자를 해석한 것이다. (이하 동일함)

스로 와서] 조공하였다.”

광개토대왕비의 이 기사에서 드디어 '왜구'라는 표현이 등장한다. 한반도에 왜구가 데뷔하는 순간, 서기 400년 전후이다. 신라성(서라벌)에 왜군이 가득하였다는 것은 왜구의 병력이 상당하였음을 뜻한다. 그랬기에 고구려에서도 5만이라는 대병력을 동원하였을 것이다.

그로부터 4년 뒤 왜구는 다시 고구려에 도전한다. 왕이 직접 군대를 끌고 나가 왜구를 숱하게 참살했다. 다음은 광개토대왕비의 해당 기사이다.

“(영락) 14년(404년) 갑진년에 왜가 법도를 지키지 않고 대방지역에 침입하였다. (중략) [이에 왕이 군대를 끌고] 평양[으로 나아가] 서로 맞부딪치게 되었다. 왕의 군대가 적의 길을 끊고 막아 좌우로 공격하니, 왜구가 궤멸하였다. [왜구를] 참살한 것이 무수히 많았다.”

이와 같이 왜구는 아주 먼 옛날 고대사 기록에도 등장할 만큼 그 뿌리가 깊다. 고대의 왜구는 그 정체가 불분명하다. 일본 전역에 힘이 미치는 통일정부가 없을 때이므로 통제되지 않은 세력이 우후죽순 범람했을 터이다. 신라를 괴롭히고 고구려에게 무너졌다는 왜구는 규모로 보아 여러 지방호족들이 힘을 모았을 수도 있다. 그런데 세월이 흐르면서 왜구는 점차 해적세력의 성격이 강해진다.

동아시아 휩쓴
약탈의 항해

●

한국 사람들에게 왜구는 일본 대마도에 근거를 둔 해적으로, 일찍부터 해안 지방에 침입하여 노략질을 일삼은 '바다의 떼도둑' 이미지다.

우리가 아는 왜구는 사실 12~16세기에 한반도와 중국 연안, 나아가 동남아시아의 바다까지 공포의 해역으로 만든 일본의 해상 무력집단이었다. 북한도 왜구를 "우리나라를 비롯하여 중국, 동남아시아 여러 해안들에 싸다니면서 노략질을 일삼던 일본 해적의 무리"로 인식한다. 중국 역시 "원조元朝 말기와 명조明朝 초기 중국의 연해지구를 침략한 일본의 사무라이, 상인, 해적"으로 본다.

그런데 일본에서는 "국제무역이 순조롭지 않을 경우 일어나는 경제해적"이라는 시각이 우세하다. 심지어 "고려의 피被차별민과 중국인도 참여한 반反국가 집단"이라고 주장하는 학자들도 있다. 다시 말하면 왜구가 봉건국가의 억압에 저항한 국제적인 해상세력일 수도 있다는 뜻이다.

시대의 혼란이 낳은 약탈자, 왜구

《한국 중국 일본, 그들의 교과서가 가르치지 않는 역사》(김종성, 역사의아침, 2015)에 따르면 왜구가 득세한 기간(12~16세기)은 일본의 분열기와 대체로 일치한다. 이 기간에 일본열도는 남북조(南北朝, 1336~1392)와 센고쿠(戰國, 15세기 중반~16세기 후반)의 분열에 휩싸여 있었다.

남북조~센고쿠 시대는 일본에 통일적 권력이 없었던 때다. 강력한 정권의 부재는 해외무역의 곤란을 초래했다. 정부 대 정부의 공무역이 국제교역을 주도하던 시대였기 때문에, 중앙정권의 부재는 당연히 국제교역의 곤란으로 연결될 수밖에 없었다. 이런 곤란을 타개하고자 지방세력들이 해적이 되어 무역이나 약탈 활동에 나섰다. 상황에 따라 그리고 상대에 따라 무역도 하고 해적질도 했다.

일본 해적이 사라진 때는 센고쿠 시대의 혼란이 진정되던 16세기 중후반 무렵이다. 16세기 후반 임진왜란 때 16만 명의 일본군이 일본이라는 하나의 깃발 아래 전함을 타고 조선을 침공했다. 만약 도요토미 히데요시가 일본을 통일하지 않았더라면, 그 전함들은 제각각의 깃발을 달고 해적 활동에 동원되었을 것이라고 이 책에서는 추정하고 있다.

왜구가 우리나라를 상대로 가장 극성을 부린 시기는 고려와 원나라의 연합군이 일본열도 침략(1268~1281)에 실패한 이후였다. 이무렵 중국에서는 원과 명나라, 한반도에서는 고려와 조선의 정권이 교체되었고, 일본에서도 막부가 무너지며 동아시아에 힘의 공백이 발생했다. 그 틈을 비집고 왜구가 발호한 것이다.

당시 일본열도는 막부가 실권을 잃고 분열과 혼란이 계속되는 가운데 기근까지 덮쳐 유민이 대거 발생했다. 더욱이 원과 고려의 정벌로 일본 내 사무라이와 백성의 생활은 경제적인 파국에 빠지게 된다. 특히 막부의 통제력이 약한 데다 정벌의 가장 전면에 위치했던 큐슈九州와 인근 연안의 섬들이 큰 타격을 입었다. 이키壹岐, 쓰시마對馬島, 마쓰우라松浦 등 한반도에서 가까운 섬들이 대표적이었다.

이후에 '삼도왜구三島倭寇'라는 이름에서도 알 수 있듯이, 이들 섬 지역에 거주하는 어부와 농민들은 양식이 떨어지면 부대를 조직하고 해적이 되었다. 적게는 1~3척 10인 집단에서 크게는 400척 3,000인 집단이 꾸려져 약탈의 항해를 떠났다.

직업적 도둑떼의 막강한 전투력

왜구는 초기에는 연안 국가의 식량창고를 습격하여 약탈하였지만, 경비가 강화되고 반격이 거세지자 민가를 습격하고 문화재도 마구잡이로 노략질했다. 또 노약자와 늙은 여자는 죽이고 젊은 여자와 건장한 남자는 닥치는 대로 납치했다. 잡혀간 사람들은 농업 노동력으로 충당되거나, 다른 지역으로 끌려가 노예로 팔렸다.

그들은 동아시아를 주름잡은 바다의 무법자이자 직업적 도둑떼였다. 왜구의 규모는 배 몇 척으로 이루어진 소규모부터 수백 척을 거느린 대선단에 이르기까지 다양했다. 이들은 3~5월경 큐슈를 출발해 오키나와를 거쳐 중국 연안으로 쳐들어가거나, 한반도 남부 지역을 약탈하는 패턴을 반복했다.

동아시아 연안 가운데 한반도에서는 지방에서 조세를 거두어 개성과 한성으로 올라가는 공선貢船 등이 피해를 가장 많이 입었다.

그리고 중국에서는 산둥반도와 연안지역을 중심으로 미곡을 약탈하고 사람을 납치했다. 불시에 침입했다가 관군이 나타나면 배를 타고 바다로 도망가는 바람에 사실상 추격도 어려웠다.

또 100~500척 대선단으로 한꺼번에 밀고 오면 조정에서도 속수무책이었다. 왜구부대는 배에서 내린 뒤 말을 타고 기습적으로 연안 마을을 휩쓸었다. 뿐만 아니라 내륙 깊숙이 기동성 있게 이동하면서 보병과 기병의 합동 작전을 펼쳤다. 이들의 전술은 고도의 훈련을 바탕으로 한 것이었다. 이럴 때는 단순한 무법자나 도둑떼라기보다 막강한 전투력을 지닌 정예군에 가까웠다.

김천에서 상주로 가는 왜유령倭踰嶺, 즉 왜넘이재는 고려 말 왜구가 넘었다 하여 생긴 지명이다. 왜구들이 내륙지역에 거점을 만들고 아예 정주하는 형태가 남긴 쓸쓸한 유산이다.

최영-최무선-이성계의 왜구소탕전

고려 때 왜구가 처음 침입한 것은 고종 10년(1223)이었지만 본격적인 왜구의 발호는 충정왕 20년(1350)부터였다. 이를 '후기 왜구'라고 부르는데, 동해·서해·남해 연안뿐만 아니라 내륙까지 침범하였다. 왜구가 강화江華의 교동과 예성강 어귀에 출몰해 수도 개

경의 턱밑까지 치고 들어오자 고려는 한때 천도遷都를 고려하기도 했다.

왜구의 발호가 가장 극심했던 기간은 1370~1380년대의 10여 년 간이다. 우왕(재위 1374~1388) 때는 무려 378회의 침입을 받았다. 우왕 3년(1377)에는 왜구가 강화와 인근의 바닷가 고을들을 모두 점령하고, 우리 전함 50여 척을 빼앗아 수원, 안성, 직산까지 파고 들며 이 일대를 싹쓸이했다. 수원부사 박승직은 왜구 침입의 소식을 듣고 곧바로 적을 추격해 안성까지 갔으나, 오히려 왜구에게 포위당하는 바람에 군사들을 모두 잃고 홀로 도망쳐 나왔다. 왜구는 같은 해에 또 강화를 습격하였는데 이로 인해 부사 김인귀가 살해되고 군사 1,000여 명이 포로로 잡혔다. 왜구의 전력이 얼마나 막강했는지 보여주는 사례들이다.

1223년 첫 침입 이래 해마다 왜구가 이어지자, 고려는 고종 14년(1227) 박인朴寅을 일본에 파견하여 왜구 금지를 요구하였다. 이때의 왜구는 여몽麗蒙 연합군의 두 차례 일본 공격 이후 사라졌다. 1350년 이후 '후기 왜구'가 빈번하게 침입하여 피해가 심해지자, 공민왕 15년(1366) 김일金逸을 무로마치막부足利幕府의 아시카가 쇼군將軍에게 보내 다시 왜구 금지를 요구하였고, 이를 근절시키겠다는 약속을 받기도 하였다.

왜구소탕은 고려 말기의 국가 대사였다. 1376년 최영崔瑩이 홍산(鴻山, 지금의 충청남도 논산)에서 왜구에게 대승을 거둔 홍산대첩, 1380년 나세羅世·최무선崔茂宣 등이 진포(鎭浦, 지금의 전라북도 군산)에서 왜선 500척을 화포로 불사른 진포대첩, 이때 상륙해 내륙 각지를 노략하던 왜구를 이성계李成桂 등이 황산(荒山, 지금의 전라북도 남원)에서 몰살시킨 황산대첩이 대표적인 소탕전이었다.

여말선초(麗末鮮初)에 단행된 쓰시마정벌

당시의 왜구는 일본에서 유래해 일방적으로 고려와 명明나라를 침략한 것이지만, 고려(조선)와 명나라 사이에 심각한 외교분쟁을 일으키기도 하였다. 명은 고려에 왜구를 엄금할 것을 요구하였는데, 혹시라도 고려(조선)가 일본에 동조할지도 모른다는 의구심에 군사적 위협도 가하였다.

고려와 조선은 명의 의심과 협박을 잠재우기 위해 왜구를 정벌할 필요가 있었다. 한편 일본에서도 주변국인 고려(조선)와 명의 의심을 불식시키고, 남북조의 혼란기에 일본을 대표하는 정부로 인정받기 위해 왜구 문제를 해결해야 했다. 고려 말과 조선 초에 단행된 쓰시마정벌은 동아시아 삼국의 이해가 맞아떨어져 이루어진 군사행동이었다.

고려 말의 첫 쓰시마정벌은 1389년 2월 경상도원수慶尙道元帥 박
위朴葳를 파견하여 병선 100여 척을 이끌고 공격한 것이다. 이때
적선 300여 척을 불사르고 잡혀갔던 고려인 100여 명을 데리고 돌
아왔다. 이 첫 번째 정벌은 왜구에게 큰 타격을 주었고, 고려는 자
신감을 갖게 되었다.

왜구 침입은 조선 건국 이후에도 계속되어 1393년부터 1397년
까지 53회나 피해를 입었다. 태조 이성계는 "나라의 근심이 왜구
만한 것이 없다國家所患莫甚於倭"라고 할 정도로 왜구의 폐해를 잘 알
고 있었다. 이렇게 조선 초에도 왜구의 발호가 이어지면서 다시 토
벌론이 불거져 나왔다.

1396년 왜구가 120척으로 경상도 동래·기장 등지에 침입하자,
김사형金士衡 등을 시켜 쓰시마와 이키를 정벌하도록 했다. 이로
인해 쓰시마에서는 매년 사절을 보내 토산물을 바치고 그 대가로
미두米豆를 받아가기도 했다. 그럼에도 왜구의 침입이 계속되자
1419년 이종무李從茂 등에게 또다시 쓰시마를 정벌하게 하였다. 대
신 큐슈 등과의 통교는 허락했는데 이들의 왕래를 엄금하면 왜구
가 재발할 위험이 있었기 때문이다. 채찍과 당근을 적절히 쓴 셈
이다.

임진왜란(壬辰倭亂), 최악의 한반도 잔혹사

●

임금의 행차는 서쪽에서 멀어지고,

왕자는 북쪽 땅에서 위태롭다

외로운 신하는 나라를 걱정할 날이요

사나이는 공훈을 세워야 할 때이다

바다에 맹세하니 물고기와 용도 감동하고

산에 맹세하니 초목도 알아준다

원수를 모두 멸할 수 있다면

비록 죽음일지라도 사양하지 않겠노라

- 충무공 이순신, '진중에서 읊다'

1592년 4월 임진왜란이 터졌다. 왜구의 한반도 침탈이 누적된 끝에 마침내 일본 정부군이 최초로 우리나라를 침략했다. 부산에 상륙한 왜군은 파죽지세로 한반도 전역을 유린했으며, 국왕 선조는 의주까지 피난길에 올라야 했다. 이어 한동안 휴전이 이어지다가 1597년 왜군이 다시 쳐들어오며 정유재란이 일어났다. 7년 전쟁은 1598년 도요토미 히데요시가 죽은 뒤에야 막을 내렸다.

왜군의 무차별 양민학살

임진왜란은 전쟁이라기보다 왜군의 조선 양민 대학살이었다. 연세대 교수로 재직한 캐나다 역사가 새뮤얼 홀리는 지난 2005년 영어로 된 최초의 임진왜란 연구서 《임진왜란(Imjin War)》을 펴냈다. 한국인의 시각으로 외국인에게 임진왜란을 알려주기 위해서였다. 이 700쪽짜리 두툼한 저서에 따르면 임진왜란의 여파로 죽은 조선 백성은 약 200만 명으로 당시 조선 전체 인구의 20%였다. 적군에게 목숨을 잃은 조선 양민은 대부분 조명朝明 연합군에 밀려 좌절한 왜군이 복수심에서 의도적으로 학살한 사람들이었다. 굶주림이나 질병으로 인한 사망자도 부지기수였다.

420여 년 전 왜군의 잔혹한 양민학살을 증언하는 일본 측 기념물이 교토의 동쪽에 '미미즈카(耳塚 : 귀 무덤)'라는 끔찍한 이름으로 남아 있다. 교토시에서 작성한 무덤의 안내판에는 이렇게 적혀 있다.

"이 무덤은 16세기 말 일본 전국을 통일한 도요토미 히데요시가 대륙진출의 야심을 품고 한반도를 침공한 이른바 '분로쿠·게이초의 역(文禄·慶長の役 : 일본에서 임진왜란을 가리키는 명칭)'과 관련된 유적이다. 도요토미 휘하의 무장들은 예로부터 전공戰功의 표지標識였던 적군의 목 대신에 조선 군민軍民의 코나 귀를 베어 소금에 절여서 일본에 가져왔다. (중략) 도요토미가 일으킨 이 전쟁은 한반도 민중의 끈질긴 저항에 패퇴함으로써 막을 내렸으나, 전란이 남긴 이 무덤은 조선 민중의 수난을 역사의 교훈으로서 오늘날까지 전하고 있다."

그런데 '귀 무덤'은 원래 '코 무덤'이라 불리었다고 한다. 도요토미는 '코 무덤'을 자랑스럽게 생각했으나 도쿠가와 이에야스로 정권이 넘어간 후 너무 잔인하다고 하여 '귀 무덤'으로 바꿔 불렀다고 한다.

1996년 1월 16일자 〈조선일보〉의 다음 기사는 '귀 무덤'에 관련된 소식을 전하고 있다.

임진왜란 당시 왜군들이 전리품으로 베어간 우리 선조의 귀를 묻은 교토 도요토미 히데요시 신사 앞 귀 무덤(이총)을 국내로 옮겨오는 작업이 본격화되고 있다. 귀 무덤 환국운동을 벌이고 있는 부산 자비사 주지 박삼중 스님은 16일 "교토 이총보존회 측의 동의로 귀 무덤 환국을 위한 구체적인 준비 작업을 벌이기로 했다"고 밝혔다.

이총보존회는 교토시 지방문화재인 귀 무덤을 보존·관리하는 민간단체로 후지이 데쓰오씨(46)가 회장을 맡고 있다. 후지이 회장은 작년 말 삼중 스님에게 "지난 1990년 귀 무덤의 영혼을 모셔갔으니 이제 남은 귀 무덤도 봉환해 가라"는 취지의 편지를 보내왔다. 후지이 회장은 이 편지에서 귀 무덤의 흙 등을 한국까지 운반하는 비용까지 부담하겠다는 의사도 밝혔다.

이에 따라 삼중스님은 지난 12일 일본에 가 후지이 회장을 만나 귀 무덤 환국 문제를 협의하고 현지 귀 무덤 앞에서 이총보존회 회원과 함께 귀 무덤 한국봉환을 다짐하는 '이총환국법요식'을 가졌다. 삼중스님은 "법회에는 교토 시 정치인·교수 등 지도층 인사도 참석, 태극기를 꽂고 위령제를 올렸다"며 "일본인이 스스로 귀 무덤 환국을 제의하고 법회까지 주최한 것은 뜻깊은 변화"라고 말했다.

이제 남은 것은 교토시의 공식적인 허가와 우리 측의 준비. 이

허가를 위해 이총보존회는 회원 및 시민 2만여 명으로부터 서명을 받아 교토시에 탄원을 해놓은 상태다. 삼중스님은 "환국할 귀무덤을 봉안할 장소 물색 등이 앞으로 우리가 해야 할 일"이라고 말했다.

귀 무덤 환국추진은 지난 1984년 존재 사실이 처음 알려진 뒤 지난 1990년 삼중스님 주도로 이 무덤의 원혼을 국내로 모셔오는 등 가시화되다 일본 측의 미온적인 태도로 지금까지 중단돼 있었다. 삼중스님은 "도요토미 히데요시를 위한 전리품으로 잘려가 그를 기리는 신사 앞에서 400년 간 수모를 당해 온 12만 6,000여 선조의 한을 풀어주는 길은 고국 봉환이고 이는 후손인 우리의 의무"라고 말했다.

－〈조선일보〉 1996년 1월 17일자 '도요토미 히데요시 신사앞서'

일본의 오사카성은 도요토미 히데요시의 본거지였다. 이곳의 지휘부 건물인 천수각天守閣에는 1597년 10월 1일 도요토미가 발행한 특이한 영수증이 보관돼 있다. 영수증은 임진왜란 당시 전라도 지역에 출정한 나베시마 가츠시게 군대가 전라도 금구·김제 지방에서 잘라낸 조선인의 코 3,369개를 바치고 받은 증서다. 도요토미의 측근이 코를 받았음을 증명하는 영수증을 써주고 코는 술통에 넣어 일본으로 보내 도요토미가 실제 검사하도록 했다는 내용이다.

명나라로 쳐들어가겠다며 호기롭게 조선을 침략한 도요토미는 전쟁이 지지부진하자 부하 장수들을 독려하기 위해 조선인의 코와 귀를 베어 전리품으로 바칠 것을 요구했다. 그 수량을 적은 확인서까지 배부했으니 휘하 장수들은 서로 혈안이 돼 군인과 민간인을 가릴 것 없이 조선인을 닥치는 대로 학살했다. 베어진 코와 귀는 소금에 절여 전리품으로 일본으로 보냈다. 오사카 항에 도착한 코와 귀는 도요토미의 명에 따라 교토로 가져가 매장했다. 오늘날 '미미즈카'라 불리는 이총이다. 이총은 가장 규모가 큰 교토의 것 말고도 일본 전역에 흩어져 있다.

왜군은 군인이라기보다 피에 굶주린 살인마였다. 《선조수정실록》 26년 1월 1일자 기사에는 서울을 버리고 남쪽으로 도망가던 왜군이 민간인을 무차별 학살한 사실이 이렇게 기록돼 있다.

"왜적이 경성 백성을 대량 학살하였다. 행장(行長 : 고니시 유키나가) 등이 평양의 패전을 분하게 여긴 데다 우리나라 사람이 밖에 있는 명나라 군사와 몰래 내통하는지 의심하여 도성 안의 백성들을 모조리 죽였다."

아귀지옥(餓鬼地獄)으로 변한 조선

임진왜란이 일어나기 전 조선의 경지면적은 170만 8,000결結이었다. 이 경지면적은 왜란 후 국토가 황폐화되면서 54만 2,000결로 대폭 감소했다. 3분의 1 미만으로 줄어든 것이다. 특히 경상도 지방의 경지가 많이 줄어 왜란 전 43만 결에서 왜란이 끝난 후에는 불과 7만 결밖에 남지 않았다.

조선 말기에도 나라의 경지면적은 왜란 전 수준으로 회복되지 않았다고 한다. 당시에는 '결'이 국가의 세입을 결정하는 기준이었다. 왜란 때문에 국가세입도 3분의 1 미만으로 줄어들고 만 것이다. 하지만 국가세입이 줄어든 것은 백성이 굶어죽은 것에 비하면 큰 문제가 아니었다.

국토가 왜군에게 유린당하면서 농사를 제대로 짓지 못하자 극심한 식량난이 전국을 덮쳤다. 전쟁으로 많은 사람이 죽고 장정들은 관군으로 동원되거나 의병에 가담하여 노동력이 급속히 감소되었다. 노동력 부족으로 버려진 경작지가 늘어난 데다 1595년까지 흉작이 계속되어 아사자餓死者가 속출했다.

《선조실록》27년 1월 17일자 기사를 보자.

"사헌부에서 아뢰기를, '기근이 극심하여 인육을 먹으면서도 전혀 괴이하게 생각하지 않습니다. 길바닥에 굶어죽은 시체를 칼로

도려내어 한 곳도 살이 남아 있지 않을 뿐더러, 혹은 산 사람을 도 살하여 위장과 뇌수까지 모두 먹고 있다고 합니다. 옛날에 사람이 서로 잡아먹었다는 말이 있지만 이렇게 심하지 않았을 것이니 보 고 듣기에 극히 참혹합니다. 도성 안에 이와 같은 경악스러운 변 이 있는데도 형조에서는 의지할 곳 없는 굶주린 백성이라 하여 전 혀 체포하거나 금하지 않고 있으며 발각되어 체포된 자도 또한 엄 히 다스리지 않고 있습니다. 당상(堂上 : 정3품 이상의 고위대신)과 낭청 (郎廳 : 조선시대 비변사·선혜청·오군영 등에 두었던 실무 관직)을 아울러 추 고*하고, 포도대장으로 하여금 협동하여 단속해서 일체 통렬히 금 단하게 하소서' 하니 상(上 : 임금)이 따랐다."

같은 해 3월 20일자 기사는 끔찍하기 이를 데 없다.

"최흥원崔興源이 아뢰기를, '굶주린 백성들이 요즘 들어 더욱 많 이 죽고 있는데 그 시체의 살점을 모두 베어 먹어버리므로 단지 백 골만 남아 성 밖에 쌓인 것이 성과 높이가 같습니다' 하였다. 유성 룡이 아뢰기를, '비단 죽은 사람의 살점만 먹을 뿐 아니라 살아 있 는 사람도 서로 잡아먹는데 포도군捕盜軍이 적어서 제대로 금지하 지 못합니다' 하였다. 이덕형이 아뢰기를, '부자 형제도 서로 잡아 먹고 있으며 양주楊洲의 백성은 서로 뭉쳐 도적이 되어 사람을 잡 아먹고 있습니다. 반드시 조치를 취하여 살 수 있는 길을 열어준

다음에야 서로 죽이지 않게 될 것이니 그렇지 않으면 금지시키기

어려울 것입니다' 하였다."

　임진왜란이 조선을 아귀지옥으로 만든 것이다

＊ 벼슬아치의 죄과(罪過)를 추문(推問)하여 고찰함.

노예전쟁, 약탈전쟁,
거덜 난 조선

●

임진왜란의 참상은 양민학살극과 아귀지옥에 그치지 않았다. 이 전쟁의 상흔은 광범위하고 깊었다. 사람들에게 널리 알려지진 않았지만 납치자와 문화재 약탈 역시 우리 입장에서는 가슴 아픈 비극이자 손실이었다.

인간 사냥! 노예로 팔려간 조선인들

임진왜란 가운데 특히 후반기인 정유재란 시기 왜군은 최대 40만 명으로 추산되는 조선인을 일본으로 납치해 갔다. 이렇게 끌려간 사람들 가운데 일부는 혹시 있을지 모를 조명朝明 연합군의 일본 침공에 대비하여 성을 쌓거나 도로를 닦는 데 강제로 동원되었다. 장인匠人들은 임진왜란에 참전한 각 영주의 일본 내 영지로 끌려가 도자기를 만들거나 다른 귀한 물품을 생산하는 데 투입되었다.

끌려간 조선인들 가운데 또 다른 사람들은 일본인 영주들뿐만 아니라 포르투갈과 이탈리아 노예상들에게 노예로 팔려갔다. 17세기 초 세계를 여행했던 이탈리아 피렌체의 상인 프란체스코 카를레티는 《내 세계일주 항해》라는 책에서 일본 나가사키에서 목격한 노예시장을 이렇게 묘사하고 있다.

"모든 연령대에 걸쳐 이루 헤아릴 수 없을 만큼 많은 조선의 남자와 여자, 소년과 소녀가 최저 가격으로 판매되었다".

당시 마카오를 비롯한 동남아 노예시장에 조선인 노예들이 대거 팔리는 바람에 국제 노예 시세가 예년의 6분의 1 수준으로 폭락했다는 기록도 전해지고 있다.

왜군에 의한 조선인 노예 판매는 일본에서만 자행된 것이 아니었다. 왜군은 조선 현지에서도 양민을 잡아 노예로 팔아넘기고 있었다. 일본 큐슈 중동부 우스키臼杵에 소재한 안양사安養寺 주지 교넨慶念은 왜군의 연합부대에 속했던 우스키 성주城主를 따라 정유재란에 참전했다. 종군승 교넨은 1597년 6월 24일 큐슈를 출발하여 조선에 왔다가 이듬해 1598년 2월 2일 무사히 고향으로 돌아갈 때까지 약 9개월 동안의 격렬했던 전쟁 체험을 종군일기 '조선일일기朝鮮日日記'에 남겼다.

그의 11월 19일자 일기에 다음 대목이 있다.

"일본으로부터 많은 나라의 상인들이 왔는데 그중에는 인신매매 상인들도 끼어 있었다. 그들은 일본군 부대의 뒤를 따라다니면서 닥치는 대로 사람을 사서 새끼줄로 목을 묶고 뒤에서 지팡이로 두들기며 걸음을 재촉한다. 이것을 보면 마치 지옥에서 죄인을 못살게 하는 나찰羅刹과도 같다."

왜군에 끌려간 것으로 추정되는 조선 백성 가운데는 바로크 미술의 거장에 의해 그림 속에 모습을 드러낸 사람도 있다. 미국 로스앤젤레스에 게티미술관이 있다. 미국의 석유사업가로 대부호인 폴 케티가 세운 이 미술관에 플랑드르의 화가 루벤스가 그린 〈조선 남자〉라는 드로잉이 있다. 한때 〈한복을 입은 남자〉라고 알려졌지만 지금은 서양인이 그린 첫 한국인 그림으로 인정받고 있다. 그런데 이 그림 속 인물의 사연이 예사롭지 않다.

부산대 곽차섭 교수의 저서 《조선 청년 안토니오 코레아, 루벤스를 만나다》에 따르면, 그이는 유럽을 방문한 최초의 한국인 안토니오 코레아Antonio Corea로 추정된다. 그는 1592년 임진왜란 때 일본으로 끌려갔다가, 이탈리아 상인에게 노예로 팔려 로마로 건너갔다. 안토니오 코레아가 로마에 머문 시기는 1606~1608년 사이인 것으로 보이는데, 루벤스도 1605~1608년 사이 로마를 방문했다고 한다. 이 바로크 미술의 거장은 그때 노예로 끌려온 한국인을 만나 자신의 그림에 남겼을 것이라고 추측해볼 수 있다.

7년에 걸친 임진왜란은 도륙당하고 굶어죽은 양민들뿐 아니라 생사조차 확인할 수 없이 사라진 최대 40만 명의 납치자들을 양산했다. 왜군에 붙잡혀 적국으로 끌려간 이들 백성을 조선 조정에서는 '피로인被虜人'이라 불렀다. 당시 피로인의 수를 일본 학계는 2~3만 명, 우리 학계는 10~40만 명으로 추정한다. 정확한 수는 알 수 없지만, 그만큼 많은 백성들이 기록조차 남기지 못한 채 이국으로 끌려가 비참한 인생을 살다 죽었다.

임진왜란과 정유재란의 7년 전쟁은 겉으로 보면 도요토미 히데요시의 영토확장 전쟁이었지만 실상은 인적수탈을 위한 노예전쟁이었다고도 할 수 있다. 그것은 조선을 침략한 왜군의 편제에서 그대로 드러난다. 임진왜란 초기의 왜군 편제를 보면 3개의 전투부대는 속전속결로 북진하여 점령지 확대에 나섰지만, 후방의 6개 부대는 조선의 자원을 약탈하여 왜로 수송하는 임무를 맡았다. 침략군 안에 도서부, 공예부, 금속부, 보물부, 축부畜部를 두어 조직

적으로 품목별 약탈 작업을 벌이는 외에 포로부를 따로 두어 '인간

사냥'에도 혈안이 되었다.

문화재 약탈! 조선을 탈탈 털다

사람까지 본국으로 끌고 간 왜군이 임진왜란 시기 한반도 곳곳에

서 발견했을 유형 문화재를 그냥 두었을 리 없다.

고려불화는 지금 전 세계에 남아 있는 것이 160여 점인데 국내

에는 고작 10여 점만 있을 뿐이다. 그렇지만 일본에는 130여 점이

나 있다. 이들 일본 내 고려불화가 전량 임진왜란 때 왜군이 약탈

해 간 것이라고 단정하기는 어렵지만, 정작 국내에는 얼마 없고 일

본에 대거 있다는 사실만으로도 임진왜란 시기 문화재 약탈의 정

도를 미루어 짐작할 수 있다.

문화재청이 파악한 해외유출 한국문화재는 1999년 8월 현재 7

만여 점인데 그 가운데 절반에 가까운 3만 3,000여 점이 일본에

있다. 해외 소장 문화재라 하면 질과 양에서 압도적으로 앞서 있는

일본이 곧바로 연상된다. 따라서 일본의 현황을 파악하지 않고서

는 해외에서의 한국문화재 소장 상황을 이야기할 수조차 없는 형

편이다.

국보 2호인 원각사지10층석탑은 정상부의 3개 층이 지상에 내려진 상태로 광복을 맞이했다가, 1946년 2월 미군 공병대의 기중기에 의해 제자리로 올려졌다. 이 탑의 3개 층이 내려진 까닭에 대해서는 네 가지 설이 있다.

첫째, 임진왜란 때 왜군이 일본으로 가져가려고 3층까지 해체해 내려놓았지만 너무 무거워서 그냥 두었다. 둘째, 왜군이 3층까지 내려놓았더니 갑자기 뇌성벽력이 쳐 무서워 그만두었다. 셋째, 중종 때 절을 철거할 때 탑도 동시에 철거하여 양주 회암사로 가져가려 했는데 뇌성벽력이 쳐 그만두었다. 넷째, 연산군이 창덕궁에서 바라볼 때 상단부가 눈에 거슬린다며 내려놓게 했다. 이 네 가지 설 가운데 절반이 왜군과 관련된 것이라는 사실도 임진왜란 당시 왜군의 문화재 약탈 욕심을 가늠하게 한다.

역사기록에 확실하게 남아 있는 왜군의 문화재 약탈 사례는 왕릉 도굴이다. 전쟁이 시작된 지 1년 후인 1593년 4월 13일 도성 한양을 차지하고 있던 왜군은 남쪽으로 후퇴하면서 성종의 선릉宣陵과 중종의 정릉靖陵을 도굴하여 파괴했다. 이보다 5개월 전 왜군은 중종의 비인 문정왕후의 태릉泰陵과 명종의 강릉康陵도 파헤쳤다. 조선 왕릉이니 필시 그 안에 엄청난 보물이 들어 있으리라 생각한 것이다. 왕릉마저 파헤친 왜군이니 문화재가 있을 법한 장소는 샅샅이 훑었을 것이라는 추정이 가능하다.

일본은 임진왜란과 정유재란을 거치며 잔혹한 살육과 함께 엄청난 인적, 물적 약탈을 자행했다. 그들은 최대 40만 명의 조선인들을 납치해 일을 부리거나 노예로 팔았다. 조선의 문화재와 보물들도 탈탈 털다시피 노략질해갔다. 그렇게 조선에서 강탈한 생산력과 문화력, 그리고 부富가 에도시대 일본이 근대화의 초석을 닦는데 귀중한 자원으로 쓰였다고 생각한다. 한 마디로 전쟁의 재미를 톡톡히 본 것이다. 그것이 뒷날 어떤 결과를 초래했는지 안타깝기 그지없다.

우리는 임진왜란에서 무엇을 기억하고 배웠나

유례를 찾기 어려운 살육을 당한 임진왜란이 끝나고 우리 조정은 무엇을 했는가. 보름 만에 한양을 점령당하고 선조를 위시한 지도부가 허겁지겁 피난길에 올랐다. 저항 한번 제대로 못하고 속수무책으로 전 국토가 유린당한 가장 큰 원인은 무엇이었을까.

'대비가 소홀했다', '정세를 오판했다', '파당정치 때문'이라는 등 여러 의견이 나왔지만 결정적인 이유는 왜군의 우수한 조총을 꼽을 수밖에 없다. 당시 조정에서도 왜군조총의 위력을 충분히 알았다. 그랬다면 젊고 우수한 관리들을 네덜란드나 기타 선진 유럽에 보내 조총연구나 도입을 성사시키는 시도를 해야 하지 않았을까 아쉽게 생각해왔다.

그런 맥락에서 임란 이후 한일합방까지 조선 역사를 되돌아보면 탄식과 한숨이 절로 나온다. 국방에 대한 장기적 대비책이나 비전 마련은 온데간데없이 사라지고, 당쟁과 세도정치 부패 등으로 국가의 뿌리까지 송두리째 썩어간 것이다.

안타까운 사건 중 대표적인 것이 예송禮訟논쟁이다. 다음 장에서 다룰 예송논쟁이 조선의 시대상을 볼 때 하찮은 사안으로 치부할 수는 없겠지만, 여든네 살이던 송시열에게 사약을 내려 죽여야 할 만큼 그렇게 중대한 일이었던지 이해하기 어렵다. 당시 여든넷이면 요즘 나이로는 백 세도 훨씬 넘긴 노인에 속한다.

4장

·

조선과 일본의 국운을 가른 결정적 장면

조선 사대부의 피바람,
예송논쟁

●

통상적으로 임진왜란 같은 엄청난 규모의 국난을 당하고 나면 민관이 합심해 방어용 성곽을 쌓고, 선진무기 도입과 신무기 개발 등에 모든 국력을 결집하는 것이 일반적인 국가의 생존전략이다.

단기적인 것과 중장기적 프로젝트로 나누어 한 치의 오차 없이 국방전략을 실행해나가도 국가의 안전을 보장할 수 없다. 그런데 삼포왜란이나 을묘왜변, 임진왜란, 정유왜란, 병자호란 등의 참화를 겪은 후 우리나라는 국가의 에너지를 총동원해 꾸준하고 빈틈 없이 대비를 해왔는지 궁금하다.

이에 비해 일본은 국가적 위기를 당하거나 위험이 닥쳐오면 해외로 눈을 돌려 철저히 배워 국력을 키워나갔다. 또 내부적으로는 다양성을 중시하면서 화和를 바탕으로 국가의 목표를 효율적으로 달성하는 데 탁월한 모습을 보였다.

에도시대 화和라는 토대 위에 이룩한 일본의 지적 전통은 20세기 세계열강으로 부상하는 밑거름이 됐다. 반면 비슷한 시기 조선은 획일화된 정치사상에 따른 예송논쟁 등의 과잉대립이 끊이지 않아 결과적으로 나라를 빼앗기는 수모를 당한 것이다.

불필요한 조정 내 대립과 논쟁, 부패와 외척의 세도정치 등으로 국가적 목표가 갈팡질팡할 때 일본은 탁월한 외교적 수완, 지도층의 솔선수범으로 위기를 기회로 바꾸어 부국강병의 기틀을 다진 것은 우리가 새삼 되짚어봐야 할 대목이다.

이제 조선과 일본의 국운을 가른 몇 가지 장면을 대비해보도록 하자.

한민족에 유별난 '싹쓸이 문화'

전공인 수학을 넘어 역사·철학·문학·언어학 등 다양한 학문 분야를 통합해 독특한 문명비평 이론을 수립한 김용운 박사(전 한양대

대학원장)는 '한국의 버트란트 러셀'로 불리는 한국의 석학이다. 김 박사는 역사를 원형原型사관에 입각해 풀이하는 것을 좋아한다. 김 박사가 말하는 '원형'은 자연환경과 풍토 속에서 만들어졌고, 역사적 체험에 의해 굳어온 집단 무의식이다.

이러한 원형은 그 민족과 사회의 문화를 규정하고, 습관과 관습을 만들어 현재의 사회를 지배한다. 김 박사의 원형사관에 따르면 유목민족과 농경민족의 문화에는 분명 많은 차이가 있으며 더운 지역과 추운 지역의 문화에도 차이가 있다. 산악지역과 해안지역, 육지와 반도 등 각기 고유한 자연환경과 풍토는 서로 다른 원형을 만들고, 역사적 체험에 의해 고유하게 굳어진다.

원형은 변하지 않는다. 유대인은 2,000년 동안 흩어져 살았어도 자신들의 고유한 문화를 간직하며 유대인으로 존재한다. 폴란드는 러시아, 독일, 헝가리의 3개국 분할로 살아왔어도 단일 민족을 유지했다. 우리 또한 일본의 말살정책과 분단에도 불구하고 단일 민족임을 인식하고 있다. 이는 언어와 문화적 동질성만으로 해석될 수 없으며, 문화적 요소를 파생시키는 기층적基層的 문화의지, 즉 민족의 원형이 존재하기 때문이다.

원형은 일종의 '민족성'이라고 보아도 무방하다. 일본인에게는 일본인의 원형이 있고, 한국인에게는 한국인의 원형이 있다. 한국인은 가뭄과 홍수라는 두 극단적인 자연풍토로 인해 극단적 기질을 지니고 있다. '싹쓸이 문화'가 거기서 기인했다고 김 박사는 말한다. 이런 극단성을 극복하는 것이 앞으로 우리가 할 일이다.

김 박사는 최근의 저서《풍수화―원형사관으로 본 한·중·일 갈등의 돌파구》(맥스미디어, 2015)에서 한국인의 원형을 오로지 한쪽으로만 치닫는 일면성으로 파악한다. 중국인은 양면적인 사고에 능하며, 일본인은 정신적 원칙 따위는 처음부터 없고 그때그때 대세大勢를 추종하는 데 반해 한국인은 "이것이 옳다" 싶으면 막무가내로 그것에만 매달린다고 김 박사는 지적한다. 그는 이런 우리의 원형을 바람직하게 승화시켜 나갈 방법을 함께 찾아야 한다고 역설한다.

김용운 박사의 우리 민족 원형 풀이는 단재 신채호 선생의 탄식을 떠올리게 한다. 단재는 "우리나라에 부처가 들어오면 한국의 부처가 되지 못하고 부처의 한국이 된다. 우리나라에 공자가 들어오면 한국을 위한 공자가 되지 못하고 공자를 위한 한국이 된다. 우리나라에 예수가 들어오면 한국을 위한 예수가 아니고 예수를 위한 한국이 되니 이것이 어쩐 일이냐. 이것도 정신이라면 정신인데 이것은 노예정신이다"라고 한탄하였다. 그러면서 단재는 "자신의 나라를 사랑하려거든 역사를 읽을 것이며 다른 사람에게 나라를

사랑하게 하려거든 역사를 읽게 할 것이라"고 우리 민족에게 호소
했다.

조선왕조의 아킬레스건, 사색당파

일제 강점기 일본인 식민사학자들이 조선왕조의 무기력함, 나아가
조선 역사의 정체성을 강조하기 위해 자주 언급한 것이 당파싸움
이다. 당파싸움은 어느 나라에도 있었고 지금도 있지만, 조선시대
의 당파싸움은 심각했다. 사대부들끼리 제각기 그럴듯한 명분, 즉
중국 지식인들이 세워놓은 이론을 금과옥조로 섬기면서 이를 지킨
다며 서로 죽고 죽이는 지경까지 나아갔다. 이는 후손인 우리에게
냉정한 관찰과 반성을 요구한다.

　　조선의 사색당파四色黨派는 선조 8년(1575년) 이조전랑吏曹銓郎에
누구를 앉힐 것인가를 놓고 사대부들이 '동인東人'과 '서인西人'으로
갈라진 데서 비롯됐다. 이조전랑은 한 사람을 가리키는 말이 아니
다. 지금의 행정안전부에 해당하는 이조吏曹의 정랑(정5품) 3명과
좌랑(정6품) 3명을 합쳐 부르는 이름이다. 지금으로 치면 사무관이
나 주사에 불과하다. 그런데도 힘이 셌다. 임금에게 직언을 하는
삼사(三司 : 사간원, 사헌부, 홍문관) 관료와 자신의 후임을 추천할 권한

이 있었기 때문이다.

조선시대의 붕당정치는 바로 이조전랑 자리를 놓고 시작됐다. 이조좌랑 오건이 사직하면서 후임에 김효원을 추천했다. 인순왕후(명종 비)의 남동생이자, 이조참의(정3품)로 있던 심의겸이 반대했으나 전례에 따라 김효원이 그 자리를 맡았다. 그러다 김효원이 다른 곳으로 자리를 옮길 때가 되자 심의겸은 김효원에게 "내 동생 심충겸을 당신의 후임자로 천거해달라"고 부탁했다. 그러나 김효원은 "이조전랑이 외척의 전유물이냐"며 일언지하에 거절했고, 충돌이 시작됐다.

김효원은 한양의 동쪽 건천동(현재 서울 충무로 부근)에, 심의겸은 서쪽 정릉방(현재 서울시의회 부근)에 살았기 때문에 김효원 세력을 동인, 심의겸 세력을 서인으로 부르게 됐다. 동인은 이후 선조 24년(1591년) 정여립의 옥사獄事를 둘러싸고 또다시 '남인南人'과 '북인北人'으로 나뉘면서 분파가 본격화된다. 한 계파로 남아 있던 서인이 숙종 9년(1683년) 남인에 대한 정치 보복을 찬성하는 '노론老論'과 이에 반대하는 '소론少論'으로 갈라지면서 남인-북인-노론-소론의 사색당파가 자리를 잡게 된다. 이후 조선의 수많은 갈등과 피비린내 나는 옥사獄事들이 거의 모두 이들의 당파싸움에서 비롯된다.

왕이 센가, 신하가 센가

조선 후기 내내 집권당의 지위를 차지했던 것은 광해군 15년(1623년) 인조반정을 일으켰던 서인이다. 서인은 쿠데타를 통해 임금이던 광해군을 폐위하고, 광해군 때 집권당이던 북인을 대대적으로 숙청했다. 이때 북인의 씨를 말릴 정도로 가혹한 정치 보복이 이어졌다. 그러나 인조반정에 대한 세간의 반응이 싸늘하자, 동인의 또 다른 축인 남인들은 체제 내 야당으로 남겨뒀다. 그래서 조선 후기 당쟁 구도는 서인과 남인의 대립으로 이어진다.

인조의 둘째 아들이자 소현세자의 동생인 효종이 죽고 18대 왕인 현종이 즉위했을 때다. 둘째라도 왕통을 이었으니 적장자嫡長子라는 남인의 주장과, 아무리 왕통을 이었어도 둘째는 차남이라는 서인의 주장이 맞붙었다. 겉으로는 허례허식 다툼으로 보이지만 본질은 그렇지 않다. 효종을 장자로 보는 주장은 왕실은 일반 사대부와 다르다는 왕권王權 중심 철학을 대변하고, 차남으로 보는 주장은 왕실도 일반 사대부와 같다는 신권臣權 중심 철학을 옹호한다.

이때 효종의 계모인 자의대비는 살아 있었다. 허목과 윤휴를 필두로 한 남인은 3년 복상服喪을 내세웠다. 차남이라도 임금이 됐으면 장자로 봐야 한다는 것이다. 반면 송시열을 필두로 한 집권 서인은 자의대비가 1년 복을 입어야 한다고 주장했다. 왕이라도 장자가 아니면 부모가 1년 복을 입는 게 맞는다는 것이다. 이른바 1차 예송논쟁이다. 현종의 속마음은 3년 복에 있었다. 차남이라고 왕을 우습게 아는 서인들이 미웠기 때문이다. 하지만 인조반정 때 공을 세운 서인들을 무시할 수 없었다. 결국 자의대비의 복상은 1년 복으로 낙착된다.

역사가 이덕일에 따르면 자의대비의 복상 기간을 둘러싼 서인과 남인의 다툼은 전자가 박한 상례를, 후자가 후한 상례를 주장한 것으로 풀이된다. 서인이 조선왕실에 박한 상례를 고집한 이유는 극도의 친명親明 사대주의에서 나온 것이었다. 서인은 조선을 명나라 황제의 제후국으로 스스로 낮춰 여겼다. 그러다 보니 왕가의 예법이 아니라 사가私家의 예법을 적용해 효종이 둘째 아들이라는 이유로 1년 복을 주장한 것이다.

윤휴와 가까웠던 이류가 송시열 등이 주장하는 1년 복에 대해 "그것은 사서가士庶家의 예법"이라고 비판하고, 남인 윤선도도 상소를 올려 "사가에서도 조종祖宗의 적통嫡統을 이어받으면 3년 복을 입는데 하물며 국가는 말할 것도 없다"(《현종실록》1년 4월 18일)라고 비판한 것은 당연한 반발이었다.

남인은 속으로 이를 갈았다. 윤휴가 서인의 영수 송시열에게 칼을 겨눈다. 둘은 앙숙이다. 훗날 '조선의 공자'라고 해서 '송자宋子'

로까지 추앙받았던 송시열은 중국 송나라 주자朱子를 절대 진리로 섬겼다. 주자가 주석을 단 논어·맹자는 한 자 한 획도 고칠 수 없다고 믿었다. 윤휴는 콧방귀를 뀌었다. 그는 "주자의 《중용집주》를 개작해내 견해로 주석을 달겠다"고 나섰다. 송시열은 윤휴를 '사문난적斯文亂賊', 곧 주자학을 어지럽힌 이단으로 취급했다.

〈어부사시사〉로 유명한 윤선도는 남인 강경파였다. 윤선도는 송시열이 효종의 적통嫡統을 부인한 역적이라는 투로 비난했다. 이로써 예송논쟁은 효종, 나아가 효종의 아들인 현종의 정통성 시비로 비화했다. 집권당인 서인의 집중 공격에 의해 윤선도는 하마터면 사형에 처해질 뻔했다가 겨우 귀양으로 감해지는 상황이 벌어졌다.

15년 뒤 효종비 인선왕후가 죽었다. 이때도 자의대비가 살아 있었다. 인선왕후를 맏며느리로 보면 1년 복, 둘째 며느리로 보면 9개월 복이다. 아니나 다를까, 남인은 1년 복, 서인은 9개월 복을 주장했다. 이것이 2차 예송논쟁이다. 현종은 1년 복을 택했다. 서인들은 대놓고 왕에게 대들었다. 이를 괘씸히 여긴 현종은 정권을 갈아치울 결심을 한다. 하지만 재위 15년, 34세 한창 나이에 타계함으로써 뜻을 이루지 못한다.

현종의 뜻은 아들 숙종이 잇는다. 숙종은 즉위하자마자 서인에 대한 숙청을 단행한다. 빈자리는 남인으로 채웠다. 윤휴 등 남인 강경파는 이를 갈며 송시열 등 서인 세력을 도륙하려 했다. 하지만 남인 영의정 허적은 공존을 모색한다. 여기서 강경파 청남清南과 온건파 탁남濁南이 갈라진다. 숙종은 탁남을 중용했다.

권세가 하늘을 찌르던 허적이 어느 날 자기 집에서 큰 잔치를 베풀었다. 마침 비가 내리자 궁에서 쓰는 기름장막을 임금 허락도 없이 갖다 썼다. 뒤늦게 이를 안 숙종이 진노했다. 이를 계기로 6년 만에 남인 정권은 실각한다. 역사에서는 이를 경신환국庚申換局이라고 한다. 경신년(1680년)의 정권교체란 뜻이다. 다시 서인 세상이 왔다. 보복이 시작된다. 허적과 윤휴는 사약을 받는다.

윤증(尹拯, 1629~1714년)은 서인이다. 하지만 남인과도 가깝게 지냈다. 학자로 존경받던 윤증은 숙종의 부름을 받는다. 그는 먼저 남인의 원한을 풀 것, 남인 인재를 등용하는 탕평책을 쓸 것 등을 요구한다. 이 같은 조건이 무산되자 윤증은 출사를 포기한다. 이는 서인이 강경파 송시열 중심의 노론老論, 온건파 윤증 중심의 소론小論으로 갈리는 계기가 된다.

현종은 우유부단한 왕이었다. 1차 예송논쟁 과정에서 왕권王權은 실추되고 신권臣權은 하늘을 찔렀다. 청나라의 사신들은 조선은 임금이 약하고 신하가 드센 '주약신강主弱臣强'의 국가라고 비아냥댔다. 현종은 "국가의 일은 가볍고 그대들의 주장은 소중하단 말인가"라고 탄식만 할 뿐이었다.

83세 송시열마저 죽인 예송논쟁의 후유증

1674년 8월에 14세의 나이로 즉위한 숙종은 비록 어렸지만 아버지와 달리 과단성 있는 성격의 소유자였다. 현종의 적장자이자 출생과 동시에 왕실의 지극한 관심 속에 제왕으로서 교육을 받았던 무결점 왕이었다. 왕과 신하는 같다는 '왕자사부동체王者士夫同體', 왕과 신하가 나라를 함께 다스려야 한다는 '군신공치君臣共治'를 고집하던 노론의 정신적 지주 송시열과는 애초부터 공존이 불가능했다.

숙종이 탄생했을 무렵 모든 사람들이 이를 축하하러 왔지만 송시열만은 병을 핑계로 오지 않았다. 현종이 효종의 상중喪中에 숙종을 잉태해 예에 어긋난다는 이유로 그랬다는 얘기가 세간에 파다했다. 숙종의 어머니 명성왕후 김씨가 이를 괘씸하게 생각했고 훗날 아들에게도 그러한 사실을 알려줬다. 이 때문에 숙종은 세자 시절부터 송시열에게 강한 적개심을 갖고 있었다.

숙종은 후일 희빈 장씨의 소생을 원자로 정한 데 대해 송시열이 반대상소를 올리자 기다렸다는 듯이 "광해조 간신의 자식"이라는 표현을 써가면서 사약을 내렸다. 나이 83세였던 1689년 1월, 송시열은 제주도로 유배되었다. 송시열은 다시 정계로 복귀하지 못하고 서울로 압송되던 중, 사약을 내리려고 오던 금부도사 행렬과 6월 3일 정읍에서 마주쳤다. 송시열은 사약 두 사발을 자진하여 마시고는 영욕이 교차하는 파란만장한 생애를 마감했다.

효종의 장손 숙종은 서인의 영수領首인 송시열에 사약을 내리며 예송논쟁에 종지부를 찍었다. 서인의 주장대로라면 효종은 왕위를 자신의 아들인 현종이 아닌 소현세자의 아들에게 물려줬어야 한다. 숙종으로서는 자신의 정통성에 대한 도전이라 여겼을 만하다. 실제 영조 때 '이인좌의 난'은 소현세자의 증손을 옹립해 벌인 사건이다.

그런데 숙종의 증손인 정조는 죄인으로 죽은 송시열의 명예를 회복시켜 준다. 송시열은 성균관 문묘에 종사되었다. 정조는 영조의 장남인 효장세자의 아들로 입양된 덕분에 적장자로서 왕위에 올랐다. 송시열을 높이 평가한 정조는 친히 편찬한 《양현전심록兩賢傳心錄》에서 그를 주자에 비견될 만한 성현의 반열에 올렸다. 또한 송시열을 비난하는 것은 공자와 맹자를 비난하는 것으로 못 박아 그에 대한 비판을 금지했다. 이에 따라 1863년 이전까지 송시열의 주장에 공식으로 이의를 제기할 수 없었다.

예송논쟁에 대해 윤증은 이렇게 탄식한다. "3년 복을 가지고 서로 싸운 지 10년이 되었는데 혹 이쪽이 옳고 저쪽이 그르다 한들 무슨 큰 해가 되겠는가. 그 발단을 살펴보면 별 문제도 안 되는 복제설服制說 하나뿐이니 이 어찌 우습고 기괴한 일이 아니겠는가."

(이덕일,《송시열과 그들의 나라》)

메이지유신 이후,
열강 진입을 향한 일본의 외교술

●

국가의 위치를 서구열강의 반열로

반면 일본은 우리와 달랐다. 필요하다고 생각하면 해외로 눈을 돌려 철저히 배우고 대비했다.

메이지유신 이후 일본 지도자들은 일본이 미국을 비롯한 서구열강들과 불평등조약을 맺을 수밖에 없었던 것은 일본의 힘이 약한 탓이라고 자책하면서 서양 따라잡기에 노력을 집중했다. 일본학 연구자들은 일본이 이 시기 서양을 많은 면에서 부지런히 배우던 것을 가리켜 "합리적 쇼핑"이라고 부르기도 한다. 일본은 미국과 유럽 선진국들로부터 기술, 사회제도, 인프라, 교육 방법 등을 빌려와 자국의 필요와 문화에 맞춰 변형했다. 일본 실정에 맞는다고 판단되면 채택하고 그렇지 않으면 포기했다.

이와쿠라 사절단, 서양에게 부국강병을 배우다

메이지 정부 지도자들이 국가 건설을 위해 내건 슬로건 가운데 대표적인 것이 '부국강병富國强兵'이었다. 유신 지도자들은 변화에 목말라 하는 젊고 지적인 사무라이들이었다. 1868년 정권의 전면에 등장했을 때 그들의 평균 나이는 30살에 불과했다. 그러나 대부분 학문적 배경과 군사적 기량을 갖추고 있었으며, 상당수는 이미 외국을 여행해보았거나 일본 내 외국인들과 접촉한 경험이 있었다. 유신 지도자들은 당초 외국인에 대해 반감을 가졌지만 서양의 높은 기술수준을 알게 되면서 외국에 대한 기존의 인식을 수정했다.

신정부 초기 그들에게는 두 가지 핵심적인 목표가 있었다. 하나는 일본을 근대화하여 경제를 성장시키는 것이고, 다른 하나는 외국과 맺은 불평등조약을 재교섭하는 것이었다. 이러한 목표를 달성하자면 일본이 힘을 길러 서양과 대등한 관계를 이뤄야 하며, 정치·경제적으로 변하지 않으면 안 된다고 생각했다. 메이지 정부 앞에 놓인 도전은 근대 세계에서 경쟁력 있는 국가로 일본을 개조하는 것이었다.

그렇다면 일본을 어떻게 개조할 것인가. 이 문제를 놓고 고심하던 젊은 지도자들은 부국강병의 모범인 유럽과 미국을 벤치마킹하는 것이 최선이라고 판단했다. 여기에는 세계관의 변화가 작용했다. 오랫동안 사무라이는 일본 국내에 외국인이 출현하는 것을 겁내고 그들을 불신했다. 그런데 이제 일본인은 외국인이 일본에 제공해줄 수 있는 것을 환영했다. 메이지 정부는 마침내 정부 고위관리를 대거 외국에 내보내 이들로 하여금 서양문물을 배워오게 하기로 결정했다. 이렇게 해서 탄생한 것이 '이와쿠라 사절단'이다.

신정부는 1871년 관리 50명과 학생 50명으로 서양을 순방할 사절단을 구성했다. 조슈 출신인 이와쿠라 도모미岩倉具視가 특명전권대사로서 사절단장이 되고, 역사가 구메 구니다케久米邦武가 기록을 위해 그를 수행했다. 단장 이와쿠라 도모미의 이름을 따 '이와쿠라 사절단'이라고 불렀다.

이 사절단의 첫 번째 임무는 서구열강들과 교섭해 일본과 맺은 불평등조약을 개정하는 것이었다. 하지만 이 임무는 중도에 좌절되었고 실제로는 서양 배워오기에 매진했다. 세계를 돌며 최상의 아이디어를 구해 일본으로 가지고 온 것이다.

이와쿠라 사절단은 1871년 미국을 먼저 방문한 다음 이어 런던, 파리, 브뤼셀, 스톡홀름, 로마, 비엔나, 스위스를 차례로 방문했다. 1873년까지 22개월간 12개국을 시찰했다. 역사가 구메 구니다케는 사절단의 활동을 꼼꼼히 기록하였으며 그 최종 보고서가 1878년에 완성되었다. 구메가 작성한 일지 가운데 몇 대목을 보면 일본이 근대화 추진 과정에서 가장 관심을 기울였던 것이 무엇인지 잘 알 수 있다.

구메 구니다케는 먼저 "오늘날 우리 국민은 미국인이나 유럽인과 다를 바 없다. 문제는 교육이 있느냐 없느냐 하는 것이다"라고 적었다. 당시 일본에서 가장 화급한 일은 교육제도를 바꾸는 것이었다. 사절단은 독일과 미국의 교육제도에서 크게 감명을 받았다. 그래서 일본의 새 교육제도를 개발하는 데 두 나라 사례를 참고했다.

구메는 이어 대의정부代議政府에 대해 기록했다. "서양이 부강한 것은 이들 나라에 입헌 대의정부가 있기 때문이다. 우리 국민도 정부에 참여할 필요가 있다. 서문(誓文 : 메이지유신 초기 천황이 내린 칙명)이 일본 헌법의 기초가 되어야 한다. 하지만 조심해야 한다. 대의정부는 국민이 의회 체제를 받아들일 준비가 될 때까지는 고려해서는 안 된다." 사절단은 국민이 참여하는 정부에도 다른 모델들이 있음을 인식했다.

경제발전에 대한 언급도 눈길을 끈다. "정부는 민간기업을 육성하고 사업혁신을 권장할 수 있다"는 것이다. 이를 뒷받침하기 위해서는 새 교육제도를 통해 적절한 지식과 기술을 개발해야 할 일이다.

향후 일본이 나아갈 방향을 암시하는 부분도 있다. "일본이 경쟁할 세계는 경쟁, 참여, 그리고 식민지 확대라는 서구식 가치에 기반을 두고 있다"는 문장이 그것. 일본 지도자들은 일본을 성공적으로 근대화시키려면 발전모델을 세심하게 선택하고 독자적으로 적용해야 한다는 것을 알고 있었다.

사절단은 이러한 아이디어를 취합해 일본의 근대화 방안을 정부에 권고했다. 그들은 또 동시대 국제사회에서 일본의 위상과 관련해 당장 서구열강들로부터 큰 위협을 받지는 않을 것이라고 판단했다. 일본이 스스로 두려워했던 것처럼 그토록 절망적으로 뒤처져 있진 않다고 결론 내린 것이다.

일본정부는 사절단의 권고에 따라 서구열강들과 의미 있는 관계를 형성하는 데 성공했다. 귀국한 사절단 간부들은 각 분야에 걸쳐 고문 자격으로 외국인을 초청키로 했다. 이에 따라 23개국에서 2,000명 이상의 전문 인력이 일본에 들어왔다. 그들은 메이지 정부로부터 봉급을 받으며 일본에서 상당 기간 활동했다.

일본 육군대학교는 육군사관학교 출신 장교들 중에서도 우수한 사람만 입학하는 곳이다. 일본은 육군대학교를 창설하면서 독일 육군소령을 초빙해 초대 교관으로 삼았다. 그는 지금도 일본 육군 대학교 교정에 동상으로 서 있다. "소년이여, 야망을 가져라"는 교훈을 일본 전역에 퍼뜨린 윌리엄 S. 클라크 박사도 1876년 초청을 받고 일본에 건너갔다. 오늘날 홋카이도대학의 전신인 삿포로札幌 농과대학 설립을 주도한 인물이 바로 그이다.

메이지시대는 왕정복고 이후 메이지 천황 치하에서 근대화 개혁이 이뤄진, 1868년부터 1912년까지의 시간과 사건을 포함한다. 역사가들은 이 시대를 근대 일본의 시작이라고 부른다. 하지만 그 이전에 일본은 새로운 변화와 도전을 받아들일 준비가 되어 있었다. 지적 다양성이 조화를 이루고 도시와 상품경제가 번성한 에도시대의 유산 덕분에 근대사회로 도약할 수 있는 교두보를 이미 확보하고 있었다.

이런 바탕 위에 이뤄진 이와쿠라 사절단의 2년에 걸친 서양 배우기가 근대 일본 발전의 결정적인 밑거름이 됐다. 그것이 우리나라와 일본의 국운을 가르는 결정적 차이였다. 1894년 청일전쟁에서 압승을 거둔 것도 이와쿠라 사절단의 결과물에 다름없다. 청일전쟁 후 승승장구하던 일본은 다시 시련을 맞는다. 러시아의 견제로 청일전쟁 승리 후 청나라로부터 뺏은 요동반도를 되돌려주는 수모를 당한 것이다. 러시아 주도로 1년도 안 돼 요동반도를 반환한 일본은 군사적으로 외교적으로 철저한 대비에 들어간다.

"와신상담의 자세로 보복을 도모해야 한다".

"이 굴욕을 씻기 위해서라면 러시아에 대항할 수 있는 군비확장 밖에 없다".

당시 세계 최강 영국도 버거워했던 러시아를 상대로 복수의 칼을 갈기 시작한 것이다. 러시아 타도를 위한 최우선 작업은 군비확장. 러시아에 최대의 예의를 지켜가며 안으로는 열심히 군사력을 키웠다. 대량살상무기 개발에 박차를 가했고, 영국과 미국에서 최신 기술을 도입해 거대 전함도 보유했다. 그러면서도 러시아와 끊임없이 교섭을 계속해나갔다. 후에 전쟁을 일으키더라도 외교적으로 최선을 다했다는 기록을 남기기 위한 정지작업이었던 것이다.

치밀한 외교적 대비로 국익 지켜

자신에게 주어진 국제정세를 최대한 활용하는 주도면밀한 외교적인 대비는 특히 눈여겨볼 만하다.

그 하이라이트가 1902년 체결된 영일동맹. 일본은 러시아의 극동진출에 초조해진 영국을 적절히 자극, 당시 슈퍼파워 영국을 자신의 편으로 완벽하게 끌어들였다. 이 동맹은 러일전쟁 승리의 가장 든든한 배경이 된다. 이 동맹을 통해 양국은 중국과 한국의 독립을 승인하면서 영국은 중국에서, 일본은 한국에서의 권익을 상호 보호하기로 합의했다. 한일 합방 8년 전이었다. 영일동맹은 당시 국제정세의 부산물인 동시에 일본에는 행운이었다.

19세기 후반부터 서구열강들의 아시아 아프리카 쟁탈전이 본격화되면서 우위를 점거한 영국은 러시아의 팽창정책에 위기감을 느낀다.

이미 전세계에 대영제국을 건설해 이익 보호에 부심하던 영국은 동북아시아에서 직접 러시아와 부딪히는 것이 부담스러웠다. 대신 러시아를 견제해줄 국가로 일본을 선택한 것이다. 이미 청나라를 완파한 일본은 영국의 파트너가 될 정도로 국력을 인정받았다.

게다가 조선과 만주를 놓고 러시아와 사사건건 대립하고 있던 일본으로서도 영국과 이익이 맞아떨어진 것이다. 영일동맹은 일본의 열강 진입을 국제사회에 공식화한 계기가 됐다. 영국의 유무형의 도움 아래 일본은 해군력을 더욱 급속히 키워나갈 수 있었다.

도고 헤이하치로 일본 해군제독은 거문도와 쓰시마 앞바다에서 무적으로 불리던 러시아 발틱함대를 궤멸시켜 러일전쟁의 영웅으로 오늘날까지 추앙받고 있다.

물론 도고 제독의 능력도 탁월했지만 압승의 이면에는 영일동맹의 뒷받침이 예상보다 컸다는 점을 부인하는 전사가戰史家는 없다. 당시 전세가 여의치 않자 러시아는 발틱함대를 러일전쟁 부근 해역에 파견키로 결정했다. 그런데 예기치 않은 변수가 등장한 것. 영일동맹을 맺고 있던 영국 정부가 발틱함대의 수에즈운하 통과를 막았다. 수에즈운하를 관할하던 영국의 거부 때문에 대규모 전단이 멀리 아프리카 대륙을 돌아서 남아공의 희망봉으로 우회해와야 했다. 게다가 당시 전함의 연료는 석탄.

무거운 석탄의 하중荷重 때문에 연료공급을 자주 받아야 했는데, 그나마 러시아의 전투력 약화를 겨냥해 영국은 자국의 식민지에는 발틱함대의 기항을 허용하지 않았다. 때문에 영국식민지가 아닌 국가를 찾아다니며 기항할 때마다 포화상태에 이를 만큼 석탄을 꾹꾹 눌러 실었다. 영국의 온갖 방해공작으로 함대의 도착일자가 예상보다 두 배 이상 늦어진 것이다. 또 영국은 함대 기항지마다 스파이를 보내 각 전함의 정보를 빠짐없이 일본에 보냈다. 길고 긴 항해에 병사들은 전투도 시작하기 전에 이미 기진맥진했고, 함대의 모든 정보는 도고 제독의 손안에 들어간 상황에서 승패는 결정된 것이나 다름없었다.

일본은 군사적 대비와 함께 외교적으로 영국을 자신의 편으로 끌어들이는 데 혼신의 노력을 다한 결과였다. 영국이 일본을 파

트너로 꼽은 것은 일본이 그에 걸맞는 국력을 확보해놓았기 때문
이다.

오늘날 슈퍼파워 미국이 중국 견제의 파트너로 일본을 선택한
것도 1백여 년 전 상황과 빼닮아 있다. 중국 견제가 미일 양국의
공통분모가 됐고 동북아에서 일본만이 미국의 파트너가 될 만한
국력을 갖고 있는 점도 그렇다.

일본의
노블레스 오블리주

●

일본의 역사를 보면 유달리 노블레스 오블리주(지도층에 걸맞는 사회적 의무) 사례를 자주 접하게 된다. 우리나라도 그런 예가 적지 않지만 일본의 경우 부럽고 때로는 무서울 정도로 노블레스 오블리주의 전통이 강한 느낌이다.

작은 섬나라 일본이 수천 년간 한 번도 중국의 지배를 받지 않고 버텨온 원동력 중의 하나가 지도층의 수범이 아닌가 싶다.

일본에서 존경받는 군인들 중에 도고 헤이하치로(東鄕平八郎, 1848~1934) 해군제독과 노기 마레스케(乃木希典, 1849~1912) 육군대장이 있다. 두 사람 모두 러일전쟁을 승리로 이끌어 영웅이 됐다.

그중에서도 노기 장군의 일생은 아직도 많은 일본인들 가슴에 전설처럼 남아 있다.

노기 마레스케의 여순전투

러일전쟁(1904~1905)은 육지와 바다에서 동시에 진행되었는데, 일본에서 군신軍神으로 추앙받는 노기 마레스케 장군은 중국 요동遼東반도 남단부에 있는 군항도시 여순旅順의 203고지전투에서 부하 13만 명 중 6만 명이 전사하는 고전 끝에 승리했다.

우리에게는 안중근 의사가 순국한 곳으로 잘 알려진 여순은 원래 청淸나라 말에 북양함대北洋艦隊의 근거지였다. 그러나 청일전쟁 후 러시아가 조차租借하여 대규모 군항을 건설함으로써, 러일전쟁 당시 중요한 전략적 쟁탈지가 되었으며, 전후 일본의 해군기지로 변모하였다가 제2차 세계대전 후 중국에 반환됐다.

노기는 여순전투에서 '황군皇軍 6만 명을 잃은 죄'를 씻기 위해 메이지明治 일왕에게 할복을 허락해줄 것을 간청했지만, 허가를 받지 못했다. 전쟁에서 이기면 전략 전술적 실수는 면죄부를 받을 수 있다. 물론 203고지전투는 오늘날 전사가들 사이에서도 '불가피했다', '무모했다'로 평가가 엇갈리고 있다.

더구나 노기 장군은 203고지전투에 슬하의 두 아들을 모두 투입, 둘 다 전사케 했다. 만약 우리나라를 포함한 다른 나라 장군도 두 아들을 모두 격전지에 투입해 전사시킬 만한 수범을 보일 수 있었을까 자문해본다.

도쿄로 돌아온 노기 장군은 자신의 집에 사당을 마련, 사망한 부하들의 위패를 모셨다. 7년 동안 조용히 지내던 그는 메이지 왕이 죽자 그날 바로 할복했다. 어쨌든 국경을 초월한 '노블레스 오블리주' 정신을 몸으로 실천한 것은 틀림없는 사실이다.

러일전쟁은 기본적으로 일본이 대한제국을 마음 놓고 집어삼키기 위해 먼저 러시아를 제압하려 도발한 침략전쟁이었다. 전쟁은 1904년 2월 9일 인천 앞바다에 있는 러시아 군함을 일본 함대가 기습하면서 시작되었다. 그 하루 전 일본은 인천에 육군 4개 대대를 상륙시켰다. 그중 2개 대대는 서울을 제압하고 궁궐을 점령하여, 고종황제의 의지를 꺾었다. 대한제국은 중립을 선언한 상태였지만, 일본은 무력으로 이를 짓밟았다. 대한제국의 중립의지를 존중해줄 강대국은 없었다.

러시아에 대한 선전포고는 개전 하루 뒤인 2월 10일에 있었다. 인천에 일본군 1개 사단 1만 4,000명이 상륙한 것은 2월 16일에서

27일 사이다. 2월 23일 일본은 무력시위를 하는 가운데 대한제국에 한일의정서 체결을 강요했다. 한반도의 국토와 인민을 일본의 전쟁수행 체제에 강제로 끌어넣고, 고종 황제의 의뢰로 일본이 한국을 위해 러시아와 싸우는 모양새를 국제사회에 연출하려 한 것이다.

1905년 3월경 만주에서의 싸움이 일본의 승리로 끝났다. 5월의 동해해전海戰에서 일본해군은 러시아의 발틱함대를 격멸했다. 러일전쟁을 마무리 짓기 위해 1905년 9월 5일 조인된 포츠머스강화조약의 주안점은 일본의 한반도 지배에 대한 러시아의 승인이었다. 미국이 가쓰라-태프트 협약으로 일본의 한국에 대한 보호권 설정을 인정한 것은 그해 7월 29일이었다. 영일英日동맹을 개정하면서 영국이 일본의 한반도 지배를 승인한 것은 8월 12일이었다.

한국을 침탈키 위한 두 강도의 싸움에서 일본이 이긴 것을 노대국 영국과 신흥대국 미국이 일찌감치 인정케 하는 외교술을 일본은 이때 이미 터득하고 있었다. 대한제국의 운명이 국제사회에서 결정된 것이 이때다. 일본 각의가 한반도에 대한 보호권 확립의 실행을 결정한 것은 10월 27일이었다. 이토 히로부미가 대한제국 정부를 총칼로 위협하며 을사늑약 체결을 강요한 것은 11월 17일 자정을 넘어서였다.

여순항공방전과 203고지

여순항해전은 러일전쟁의 초기 전투로 1904년 2월 8일 여순항에 정박하고 있던 러시아 제1 태평양함대를 일본의 연합함대가 공격하면서 시작되었다. 전투는 다음날인 2월 9일에도 계속되어 7척의 러시아 전함이 피해를 입었다. 상황이 불리하다고 판단한 러시아 함대는 여순항에 틀어박혀 장기전에 들어갔다. 그렇다고 일본 함대가 여순항 내부로 뒤쫓아 들어갈 수는 없었다. 막강한 해안포대가 버티고 있었기 때문이다.

여순항 외곽에 진을 치고 러시아 함대가 항구 밖으로 나오기만을 하염없이 기다리던 일본 함대는 여순항을 둘러싼 고지군高地群 중 유일하게 민둥산으로 남아 있던 후석산 산정의 해발 203m 고지인 203고지를 발견했다.

이것은 이 민둥산이 단순히 아무런 방어거점이 없어서 그렇기도 하지만 그보다는 이 203고지의 위치가 여순항을 손바닥 보듯 내려다볼 수 있다는 점이 더 컸기 때문이다. 이 고지를 점령해 그곳에서 러시아 함대를 관측해 포사격을 한다면 항구 내의 러시아 함선들을 충분히 격파할 수 있었던 것이다.

러시아가 '포트 아르투르'라 명명한 여순은 요동 반도 전면의 금주 반도 첨단에 위치하고 있는 군항이다. 지금도 여순항을 내려다

보고 있는 이들 고지군은 청 왕조 시절에는 독일인 기사가 설계해 축성한 요새 외에 이렇다 할 방어거점이 전무한 곳이었다. 하지만 러시아가 이곳을 조차한 후 여순은 1894년 청일전쟁 당시와는 비교도 할 수 없을 정도로 막강한 난공불락의 요새로 변해갔다.

이룡산과 동계관산, 송수산을 위시한 주요 고지에는 중포들이 포진한 포대들이 견고한 콘크리트 보루로 철벽같이 보호받으며 주위 고지로 기어오르는 적병들에게 강력한 포탄의 세례를 퍼부어줄 준비를 갖추고 있었다. 또 고지로 향하는 저지대에는 전기식 철조망을 비롯한 두터운 철조망의 장벽이 가설되었다.

그 후방에는 콘크리트 벙커와 보루들이 일정 간격으로 배치되었는데 여순전투 당시 여기서 숱한 일본군이 살육당했다. 그 주된 원인은 바로 이 벙커와 보루에 2~3정씩 배치된 세계 최초의 완전자동식 기관총, '맥심' 중기관총이었다. 러시아는 일찍이 다른 유럽 국가들보다 대량의 맥심 기관총을 도입해 자국군에 배치했고 특히 극도로 험악해지는 일본과의 관계를 감안해 대량의 맥심 기관총과 중포를 극동에 배치한 것이다.

공방전 결과 일본군 사상자死傷者는 5만 9,000명에 달했지만 러시아군은 전사 7,700명과 부상 1만 5,000명에 불과해 인명손실에서 2대 1의 비율로 러시아군이 적었다. 하지만 최후의 승리는 일본군에게 돌아갔다. 전사가戰史家들은 이처럼 엄청난 일본군 인명 피해를 가리켜 이 전투를 '자살적 승리'라고 부르기도 한다.

8월 19일부터 24일까지 6일간의 강습强襲에 참가한 일본군 총 5만 7,000명 중 1만 5,860명의 사상자가 났을 정도였다. 연대장 이하 전원이 전사하는 연대까지 출현했다.

이렇게 되자 일본군은 물론 본토의 국민도 술렁거리기 시작했다. 더욱이 러시아 발틱함대가 극동을 향해 출발했다는 뉴스는 일본 측을 더욱 초조하게 만들었다. 이렇게 되면, 처음엔 그다지 대수롭지 않게 여겼던 여순공방전이 러일전쟁 전체의 향방을 가늠할 판이었다. 이 무렵 일본 육군참모총장이 격려 전문을 보내온 데 이어, 천황도 칙어勅語를 보내 독전했다.

노기 사령관은 최후의 비장한 각오를 하지 않을 수 없었다. 일본군의 운명을 건 제3차 총공격이 드디어 11월 26일 시작됐다. 노기 사령관은 휘하 각 사단에서 6개 대대 3,000여 명의 병력을 차출해 결사대를 조직하고 203고지에 야습夜襲을 감행했지만 결사대만 거의 전멸 당했을 뿐 작전은 수포로 돌아갔다. 203고지에는 일본군의 시체가 산처럼 쌓였다. 일본군이 203고지를 점령한 것은 12월 6일에 이르러서였다. 11월 26일부터 이날까지의 203고지전투에 일본군은 6만 4,000여 병력이 참가해 전사 5,052명을 포함해 1만

7,000명의 사상자를 냈다.

203고지 점령과 러시아군의 항복

203고지 점령은 실로 기적과도 같은 일이었다. 시종일관 전투 상황을 지켜본 노기 사령관은 감격할 수밖에 없었다. 203고지를 확실하게 장악한 14시, 일본군 포병은 203고지에서 불러주는 좌표대로 포격을 가해 여순항 내 극동함대의 전함들을 격침하기 시작했다.

 "공성포병 사령관은 즉시 280mm 유탄포로 여순항 내 적 함대를 포격해 모조리 격침하라!"

 약 10분 후 요란한 포성과 함께 280mm 유탄포들이 일제 포격을 개시했다. 명중률은 매우 높았다. 여순항 내에 정박해 있던 배수량 1만 960톤의 전함 '폴타바'가 가장 먼저 대폭발을 일으키며 서서히 침몰하기 시작했다. 이어 배수량 1만 2,900톤의 전함 '레트비잔'이 8발이나 얻어맞으며 승함해 있던 뷔렌 제독이 부상을 입었고 사실상 고철로 변해버렸다. 연일 계속된 이 포격으로 여순항 내의 러시아 군함들은 모조리 파괴되었다. 203고지 함락을 분수령으로 전황은 급속도로 일본군에 유리하게 전환되었으며, 이듬해인

1905년 1월 1일 러시아군은 일본군에게 항복을 통고했다.

노기 마레스케는 전쟁 이후 황족과 귀족의 교육기관인 가쿠슈인 学習院의 원장으로 취임하였다. 1912년 메이지 천황이 죽자, 노기는 천황의 장례식 당일 할복자살로 생을 마감했다. 부인도 남편을 따라 목을 매 자살했다.

자신의 무모한 전술로 수만 명의 사상자를 냈다고 죄책감에 시달려온 노기 장군은 자신의 할복을 허락하지 않았던 천황이 사망하자 스스로 목숨을 끊었다. 일본인들은 그의 죽음을 전형적인 노블레스 오블리주로 평가하고 있다.

사쿠마 쓰토무 해군대위

그는 1910년 서른한 살의 나이에 잠수정 침몰사고로 사망했다. 2010년 3월 말 서해에서 천안함 피격사건으로 40여 명의 우리 측 해군장병이 사망하거나 실종되는 비극을 당했다. 당시 사고 원인에서부터 구조와 수습 등에 이르기까지 논란이 끊이지 않았고 지금도 비극적 사건의 여진은 계속되고 있다.

천안함 사건이 터지기 꼭 100년 전 일본에서도 전세계를 놀라게 하는 잠수정 침몰사건이 발생했다. 1910년 4월 초 아직 잠수함이 그다지 보급되지 않던 그 시절, 세계에서 가장 작은 잠수정 한 척이 히로시마廣島 남서쪽에 있는 구레항吳港 해군기지를 출발했다. 배 이름은 따로 없었고, 그냥 '제6호 잠수정'이라 불렸다.

미국에서 5척을 도입해 가와사키川崎 조선소에서 일본기술을 덧붙여 조립한 이 배에는 정장艇長인 해군대위 사쿠마 쓰토무佐久間勉와 13명의 승조원이 타고 있었다.

러일전쟁 승리 후 승전 무드에 한껏 젖어 있던 제국주의 일본은 해군력 강화를 겨냥해 최우수 해군장병을 배치했다. 그러나 수중 속력이나 항속거리 등이 떨어져 일본은 개량에 개량을 거듭해 이날 성능 테스트와 훈련을 위해 제6호 잠수정을 출항시켰다. 첫 시험항해는 순조롭게 끝났으나 두 번째 잠항 훈련에서 6호정은 히로시마 앞바다 16m 해저로 가라앉았다.

침몰 다음날 인양된 6호정의 내부를 뜯어내자 놀라운 광경이 나타났다. 사쿠마 함장을 비롯한 14명의 전 승조원이 흐트러지지 않은 자세로 모두 자기 위치를 벗어나지 않은 채 사망한 것이다. 질식사하는 순간까지 자신의 위치를 지킨 사실이 알려지자 유럽 등 일각에서 일본 정부의 조작설이 나오기도 했다. 영국 등에서도 비슷한 잠수정 침몰사고가 있었기에 조작설은 상당한 공감을 얻을 만 했다. 그도 그럴 것이 다른 나라의 경우 먼저 탈출하려다 시신들이 출구 쪽에 엉겨붙은 채 발견되는가 하면 심지어 동료 병사끼리 난투극을 벌인 사실도 있었기 때문이다.

그러나 조작설은 사쿠마 함장의 호주머니 속에서 발견된 한 통의 메모로 모두 사라졌다. 죽음이 밀려오는 극한 상황에서 함장은 침몰되는 순간 순간을 기록으로 남긴 것이다. 침몰 직후의 상황을 시간별로 묘사해놓았다. 침몰 원인과 침몰 후의 상황을 기록, 사고 예방과 성능개선 등을 위한 자료로 활용하라는 의도였다.

당시 사고 조사반장은 메모를 읽다가 결국 오열했다고 한다. 사쿠마 함장이 메이지 천황에게 올리는 마지막 탄원 문구를 접하고였다.

"소관小官의 부주의로 폐하의 잠수정을 침몰시키고 부하를 죽여 뭐라 드릴 말씀이 없습니다. (중략) 그러나 우리는 마지막 순간까지 국가를 위해 맡은 바 직무를 행하다 자신의 자리에서 쓰러져 죽습니다. (중략) 감히 폐하께 청원컨대 제 부하의 유족들이 곤궁해지지 않도록 배려해주시기를 부탁드립니다."

일본 언론들은 물론 서구 언론도 대서특필했다. "일본인이 체력적으로 용감할 뿐만 아니라 도덕적, 정신적으로도 빼어난 민족이다. 예나 지금이나 이런 전례는 없었다"고 타전했다.

각국 황제와 국가 원수들의 조전이 쏟아지고, 일본 주재 외국 무관들의 조문 행렬이 줄을 이었다. 영국 해군 교범에 이 사건이 실리고, 미국 의회 의사당 박물관에 사쿠마 정장의 유서사본이 그대로 전시되고 있다고 한다.

노기 장군이나 사쿠마 대위의 행동은 리더의 덕목이 무엇인지 우리에게 새삼 일깨워준다. 어쩌면 비정상적으로 보일 수도 있는 이런 노블레스 오블리주가 일본의 또 다른 경쟁력 아닐까.

떠오르는 도시 상인,
우키요(浮世)의 시대로!

●

현대 한국인은 대체로 학교 역사시간에 이렇게 배운다. "일본이 1868년 메이지유신을 계기로 서양을 배워 근대화의 길로 내달았던 반면, 조선은 쇄국정책으로 일관하다가 결국 일본에 잡아먹히고 말았다." 이것은 맞는 말이다. 하지만 일본은 메이지유신 이전의 도쿠가와막부 시절부터 근대화에 필요한 기반을 차근차근 다졌다. 메이지유신으로 어느 날 갑자기 일본이 근대화한 것이 아니다. 물론 메이지유신이 이를 촉진하는 계기가 된 것은 틀림없지만 그 이전부터 근대화의 초석은 마련되어 있었다.

조선 후기의 문장가 신유한申維翰은 1719년에 제술관製述官으로 조선통신사에 포함되어 일본을 방문했다. 그는 현지에서 직접 보고 듣고 느낀 것들을 바탕으로 《해유록海游錄》이라는 생생한 '일본 견문록'을 펴냈다. 이 책에서 신유한은 일본의 잘 정비된 도시에 대해 감탄을 금치 못했다. 다음은 당시 교토의 밤길을 걸어본 그이의 소감이다.

"길 왼쪽 아득히 허공에 솟은 이층 누각은 동사東寺라 하는데 나는 처음에 그것이 궁궐인가 의심하였다. 동사를 지나서는 금빛 은빛으로 휘황한 종루 보각이 즐비하게 있으므로 이를 보는 나는 정신이 피로하고 눈이 어지러워 마을을 몇 곳이나 지났는지 알 수가 없었다. 달빛과 등불 빛이 위아래서 끝없이 밝아 밤길 수십 리에 기이한 광경을 보게 되니 황홀하게도 전설에서나 들을 수 있는 봉래산 신선들의 궁전을 보는 듯하였다."

1763년 조선통신사 서기로 일본에 다녀온 김인겸金仁謙의 목격담도 빼놓을 수 없다. 그이 또한 11개월 동안 견문한 바를 기행가사歌詞인 '일동장유가日東壯遊歌'에 남겼다. 당시 도쿠가와막부의 본산이었던 에도를 김인겸은 이렇게 묘사한다.

"16일에 비옷을 입고 강호(江戸 : 에도)로 들어갈 때에 왼편은 마을이요, 오른편은 바다(태평양)로다. 산을 피하고 바다를 향해 있는 들판이 옥야천리(沃野千里)로 생겼는데 높은 누각과 집들은 사치스럽고 사람들은 번성하다. 성곽의 높고 장한 모습과 다리와 배의 대단한 모습이 대판(大阪 : 오사카)보다 3배는 더하구나. 삼십 리 오는 길이 빈틈없이 인파로 이어져 있으니, 대체로 헤아려보면 백만이 여럿이로구나."

18세기에 일본을 둘러본 조선 선비들은 도시와 산업, 문화의 발달에 눈이 휘둥그레졌다. 1592년 임진왜란 때 한양에 입성한 왜장 나베시마 나오시게는 그 형세를 '선경(仙境)'과 '용궁성(龍宮城)'에 비유하며 경이로워 했다. 그때만 해도 소박했던 일본 도시들을 보다가 오색영롱한 조선 왕성의 위엄에 놀란 것이다. 그런데 각각 127년과 171년 후에 일본을 방문한 신유한과 김인겸은 일본 도시의 화려함에 넋을 잃었다. 그 사이 조선과 일본에서 무슨 일이 벌어진 것일까?

엄격한 신분체계를 바탕으로 안정된 사회 질서 구축

도요토미 히데요시가 죽자 강력한 경쟁자였던 도쿠가와 이에야스는 재빨리 권력을 장악했다. 그는 자신에게 도전하는 도요토미 잔당(殘黨)을 세키가하라(關ヶ原) 전투에서 물리치고 일본의 지배권을 확

립했다. 도쿠가와는 1603년 쇼군이 되어 에도(江戸 : 지금의 도쿄)에 막부를 열었다. 이후 250여 년 간 지속되는 에도시대가 개막된 것이다.

도쿠가와 쇼군들은 엄격한 신분체계에 입각한 사회질서를 백성에게 강요했다. 신분 사다리의 맨 위에는 명목상의 지배자인 천황과 귀족들이 있었다. 권력과 특혜 면에서 첫 번째이지만 명목상 두 번째 단계에는 쇼군을 지도자로 모시는 사무라이 계급이 있었다. 전체인구 약 3,000만 명 가운데 사무라이는 약 200만 명이었다. 사무라이 신분은 세습되었다.

사무라이 아래 단계가 평민이었는데, 평민에도 계급이 있어 농민, 수공업자, 상인 순이었다. 이렇게 사무라이를 정점으로 하는 사농공상士農工商의 신분체계가 막부 치하에서 오랫동안 유지되었다. 이 밖에 사농공상에도 끼지 못하는 천민들이 있었다. 광대, 무두장이, 거지, 망나니(사형 집행자) 등은 '히닌(非人 : 사람이 아님)'으로 불리며 짐승 취급을 받았다.

에도시대는 엄격한 신분체계를 바탕으로 고도의 사회 안정을 이뤄냈다. 신분 이동은 사회 안정을 해친다는 이유로 금지되었다. 도쿠가와 쇼군들은 사회 안정을 더 강화할 목적으로 사람들의 가치관과 행동까지 엄격하게 규제했다. 사무라이들은 평민들에 대해 복종과 존경을 요구했다. 평민들은 이를 따를 의무가 있었다. 거역하면 가혹한 처벌이 가해졌다.

고도의 사회 안정은 결과적으로 도시와 산업, 문화의 발달을 뒷받침하는 지지대가 되었다. 오늘날의 기준으로 보면 백성에게는 매우 억압적인 사회였지만 그들도 이후 상품경제가 활성화되는 과정에서 '인생역전'의 기회를 얻었다. 이러한 변화는 역설적으로 강력한 중앙집권을 실현하려는 도쿠가와막부의 권력의지와 정치체제에서 움트기 시작했다.

산킨코타이, 상업의 부흥

도쿠가와 쇼군들은 에도에서 중앙집권적으로 일본 전역을 통제했다. 쇼군은 다이묘에게도 자기처럼 영지를 중앙집권적으로 다스릴 것을 요구했다. 그러자면 다이묘는 자신의 영지 내에서 핵심적인 도시를 육성해야 했다. 이렇게 해서 일본 곳곳에 도시가 발달하면서 상업과 수공업이 자라나고 교역이 성행했다. 그 전까지만 해도 일본에서 부의 원천은 토지와 그 산물이었지만, 경제 환경이 달라지면서 새로운 국면이 펼쳐졌다.

이러한 변화를 촉진시킨 것은 막부가 다이묘를 억제하기 위해 시행한 '산킨코타이参勤交代'라는 제도였다. '산킨(参勤 : 참근)'은 다이묘가 일정 기간 쇼군의 슬하에 들어오는 것을 뜻하며, 코타이(交代 : 교대)는 여가를 제공받아 영지로 돌아가서 일을 보는 것을 의미한다. 쇼군은 지방의 다이묘와 그 가신家臣이 가족을 거느리고 막부가 있는 에도에 와서 생활하도록 했다. 다이묘가 영지로 귀환하더라도 가족은 에도에 남겨두었다.

이는 쿠데타를 막기 위해 볼모를 잡아두는 것으로 전국시대부터 이어져온 관행을 제도화한 것이다. 쇼군의 입장에서는 숨어 있는 복심도 있었다. 다이묘가 에도와 번藩을 오가면서 생활하면 재정적 부담이 발생하고 결과적으로 힘이 빠진다. 결국 에도시대에 각 번은 도쿠가와막부에 반기를 들기가 매우 어려워졌다. 이는 도쿠가와 가문이 15대에 걸쳐 번성하는 요인이 되었다. 그런데 이 산킨코타이 제도 덕분에 재미를 본 사람은 도쿠가와 쇼군들뿐만이 아니었다.

산킨코타이는 쵸닌町人, 즉 도시의 상인들에게 큰 수입을 안겨주었다. 다이묘는 일본사회에서 가장 부유하고 고귀한 신분이다. 가신을 비롯해 거느린 식솔들도 많다. 그들이 정기적으로 에도에서 묵으려면 대규모의 물품과 서비스를 제공받아야 한다. 그것을 상인들이 담당했다. 즉 산킨코타이는 상인들에게 황금알을 낳는 사업기회였던 셈이다. 에도와 번을 왕래하는 다이묘들은 또 막부로부터 명을 받고 도로정비에 나서기도 했는데 이 역시 교역망의 확장에 기여했다.

상업교역이 늘어나면서 인구는 점점 더 도시로 집중되었다. 18세기의 에도 인구는 100만 명 내외로 추정되는데 같은 시기 런던이나 파리보다 많았다. 부를 축적한 상인들은 에도를 본거지로 삼고 교토, 오사카, 나고야 등에 거점을 만들어 사업을 키워나갔다. 뿐만 아니라 번의 재정대리인을 맡아 독점적으로 상품을 유통시키고 자금을 마련하는 역할까지 수행하였다. 전통적인 농업경제를 중시하던 막부도 도시가 커지고 인구가 많아지자 상인 계급을 인정할 수밖에 없었다.

이후 도시 상인들은 조합을 결성하는가 하면 금융업, 제조업 등 새로운 업종에 도전했다. 이 과정에서 미쓰이三井, 스미토모住友 같은 거상巨商 가문이 속속 출현했다. 상인 계급은 이처럼 에도시대에 크게 번성했다. 그러나 그들의 지위는 여전히 사농공상의 맨 아래에 불과했다. 아무리 돈이 많아도 막부나 다이묘의 눈 밖에 나면 재산을 한꺼번에 몰수당하고 목숨까지 잃었다.

상품경제의 발전과 인구의 도시 집중은 에도시대 대부분에 걸쳐 인플레를 유발했다. 그러자 사무라이의 생활이 타격을 입게 되었다. 사무라이는 봉급을 쌀로 받았는데, 쌀값은 좀체 오르지 않는 반면 다른 물가는 지나치게 올랐다. 일반 사무라이 가운데는 궁핍을 견디지 못한 나머지 신분상의 금기를 어기고 농업과 상업에 종사하는 이들이 수두룩했다. 게다가 사무라이의 우두머리인 다이묘는 체면상 검소한 생활을 할 수 없었다. 위신을 지키기 위해 염치 불구하고 상인들에게 손을 벌리는 일이 잦았다. 이처럼 경제력 때문에 상인 계급과 처지가 역전된 사무라이들은 점차 상인의 가치와 문화를 미워하게 되었다.

상인들은 상인들대로 불만이었다. 경제력에 어울리는 대접을 받을 수 없었기 때문이다. 사회적 지위는 바닥이었고 쌓아올린 부도 언제 무너질지 몰랐다. 에도시대의 상인 계급이 과시적인 소비문화에 매달린 이유가 여기에 있다. 그들은 사치, 오락, 쾌락에 탐닉했다. 도시마다 이와 관련된 점포, 극장, 유곽이 나타나기 시작했다.

이런 현상은 당연히 수도인 에도에서 가장 두드러졌다. 로맨스를 다룬 문학이 확산되었고, 옷차림은 날이 갈수록 화려해졌으며, 성性에 대한 집착이 나타났다. 당국이 지정한 쾌락지구에서 사치스러운 상인들이 예인藝人들과 오락을 즐겼다. 도시의 삶은 우키요浮世, 즉 '떠있는 삶'이었다. 그것은 상인 계급의 불만을 달래는 덧없는 삶이기도 했다. 상인 계급이 주도한 이 새로운 도시문화는 당대의 풍속을 담아내며 멀리 유럽에까지 퍼져나갔다.

에도시대의 상품경제 발전과 도시화, 그리고 대중문화는 일본 근대화의 초석이 되었다. 그것은 사무라이 계급으로부터 상인 계급에게로 이전된 부富를 바탕으로 이뤄졌다. 그런데 에도시대 사무라이 계급의 부는 임진왜란과 무관치 않았다. 조선에서 수탈한 재화와 인력이 막부, 다이묘, 일반 사무라이의 수중에 들어갔고 그 부가가치가 다시 상인 계급에게 넘어간 것이다. 결국 사무라이들이 조선에서 일으킨 노예전쟁, 약탈전쟁이 근대화의 기틀을 마련하는 데 일익을 담당한 셈이다. 그런 의미에서 일본의 근대화는 한국인에게 갚아야 할 빚이 있다.

네덜란드에게
서양을 배우다

•

도쿠가와막부는 쇄국정책을 고수했다. 원래 이 정책은 쇼군의 경쟁자가 출현하는 것을 막기 위한 것이었다. 반대세력이 외국과 결탁해 도전할 가능성이 있었기 때문이다. 뿐만 아니라 쇼군의 권위에 잠재적 위협이 되는 기독교 세력도 억눌러야 했다. 그런데 막부는 쇄국을 고수하면서도 서양문물을 배우는 데는 적극적이었다. 그것은 전국시대 이래 사무라이 정권이 견지해온 태도였다.

일본 난학

1550년 예수회 소속 포르투갈 선교사 프란치스코 하비에르가 규슈 나가사키 북서부의 히라도平戸 섬에 도착했다. 당시 포르투갈은 포교를 조건으로 일본과 교역을 하고 싶어 했기 때문에 교역을 통해 힘을 기르고자 했던 영주들은 기꺼이 포교를 받아들였다. 이를 계기로 일본에 천주교 신자가 생겨나기 시작했다. 1592년 임진왜란 당시 침략군 선봉부대를 이끌고 부산에 도착한 왜장 고니시 유키나가가 천주교 신자였음은 잘 알려진 사실이다.

하지만 어지러운 전국戰國을 통일하려 했던 도요토미 히데요시는 1587년 선교사 추방령을 내렸다. 도쿠가와 이에야스 역시 1614년 천주교 금지령을 선포하고 신자들을 엄격하게 단속했다. 이어 도쿠가와막부는 1636년 나가사키만灣에 부채 모양의 작은 섬 데지마出島를 인공적으로 조성한 뒤 이곳을 서양인 전용 주거지역으로 지정했다. 천주교를 포교하지 못하게 하려고 서양인들을 격리시킨 것이다.

처음에 데지마에는 나가사키 시내에 흩어져 살던 포르투갈 상인들이 거주했다. 그런데 1년 뒤 포르투갈인들은 쫓겨나고 네덜란드 상인들이 포교를 하지 않는다는 조건으로 데지마의 새 주인이 됐다. 그 후 네덜란드 상관商館이 들어섰고, 데지마는 20여 명이 상시

거주하는 형태로 200여 년간 존속했다. 이 시기 네덜란드는 일본의 유일한 서양 교역국이었고, 데지마는 일본이 서구문물을 받아들이는 통로였다.

네덜란드와의 인적 교류와 물품 교역을 통해 일본은 서양문물을 폭넓게 받아들여 자기 것으로 소화하기 시작했다. 네덜란드, 즉 화란和蘭을 통해 학문을 받아들였다고 해서 이것을 '난학蘭學'이라고 부른다.

초기에 난학은 서양 언어를 금지하는 정책 때문에 심하게 통제되었다. 서양 언어는 기독교 전파의 도구가 될 수 있다고 하여 배우는 것을 금한 것이다. 하지만 1720년 쇼군 도쿠가와 요시무네德川吉宗가 서양 언어에 대한 금지를 풀면서 서양 서적들이 일본 내에 자유로이 유통되기 시작했다. 그렇게 서양 사상事象이 해방되면서 일본은 자연과학, 지리학, 그리고 정치학의 토대를 구축하기 시작했다. 서양 서적의 유통은 또 서양 미술의 일본 유입을 가능케 하여 일본 인쇄업자들과 우키요에 작가들에게 영향을 미쳤다.

일본 난학을 개척한 사람은 스기타 겐파쿠(杉田玄白, 1733~1817)다. 의사인 그는 1771년 에도에서 인체 해부를 참관하게 된다. 여기서 네덜란드어로 쓰인 독일 인체해부서《타펠 아나토미아》의 해부도가 실제 인체와 같은 것을 보고 경악한다. 그는 인체 해부를 참관한 동료 의사들을 규합해 4년여의 시간을 들여 네덜란드어를 단어 하나하나씩 익혔다.

그렇게 배운 네덜란드어 실력으로 이들 의사는 마침내《타펠 아나토미아》를 일본어로 번역하는 데 성공한다. 이 번역서는《해체신서解體新書》라는 이름으로 일본에서 출판되었다. 스기타 겐파쿠는 이후 난학에 정진하여 후계자를 양성했다. 또《난학사시蘭學事始》라는 회고록을 남겨 난학의 시작과 확산, 발전된 모습을 기록했다.

다양성을 중시하는
'화(和)'의 지적 전통

●

오랜 전쟁이 마침표를 찍자 도쿠가와막부는 자신들의 권력기반을 강화하기 위하여 일본 열도에 새로운 지적知的 창의성의 시대를 열었다. 막부 엘리트의 주된 관심은 무엇보다 평화롭고 조화로운 사회를 유지하는 것이었다. 그러한 사회를 형성하고 유지함에 있어 그들은 개인의 책임을 강조했다. 이를 위해서는 지적 담론談論이 이성적이고 실용적이며 인본주의적일 필요가 있으며, 무엇보다 사회적 관심에 초점을 두어야 한다고 생각했다.

　에도시대 첫 100년 간 공식적인 지적 담론은 신도와 불교, 그리고 유교라는 세 가지 지적 전통을 따랐다. 새로 등장한 집권세력은 이들 세 가지 지적 전통을 매우 창의적인 방법으로 융합하면서 자기들의 정통성 확립 방안을 모색했다. 도쿠가와막부 초기에는 지배계급이 아직 존재하지 않았다. 따라서 지식인들이 고매한 사무라이 지배계급을 창출하고 그 계급을 위한 새로운 상징을 고안하며 신질서를 신성하게 만들 책임을 떠맡았다.

이 과정에서 불교와 신도는 농민, 수공업자, 상인 사이에서 사무라이 계급의 지배권을 정당화하는 새로운 상식을 창안해내는 데 중요한 역할을 했다. 그런가 하면 유교는 엘리트의 지적 담론을 풍성하게 하는 매우 다양한 개념들을 생산했다.

영리한 도쿠가와막부 지도자들은 지배계급을 대변할 지식인을 따로 지정하지 않았다. 대신 그들은 서로 다른 지적 전통을 가진 지식인들이 막부의 공식적인 인정을 얻기 위하여 상호 경쟁하도록 유도했다.

주자학의 번성

일본 역사상 지적 탐구 활동이 가장 왕성했던 시기로 분류되는 이 시대에 일본 지식사회는 사실상 양분돼 있었다. 한 쪽에는 여전히 중국문화를 흠모하는 유학자들이 자리 잡았고, 다른 한 쪽에는 일본 민족이 최고라고 믿고 일본의 고대문화·사상 등을 밝히려는 국학자國學者들이 포진했다. 그런 한편으로 일각에서는 서양 학문을 열심히 공부했고, 또 다른 한편에서는 유학이나 일본고전에 대한 비판적 분석을 시도했다. 이처럼 여러 학문 전통이 길항拮抗하는 가운데 최종적으로 주자학朱子學이 공식 학문으로 떠올랐다.

중국 송宋·명明의 학자들이 정립한 주자학은 이 시기 일본인의 사고와 행동을 규정하는 가장 강력한 학문 체계였다. 역대 도쿠가와 쇼군은 권위에 대한 질서 있는 복종을 이상으로 여기는 주자학이 일본의 정치·사회적 질서를 유지하는 데 유용하다고 보고 이를 장려했다. 주자학의 윤리관은 일본의 네 계급, 즉 사민四民을 규정한 이론에 권위를 제공하였으며, 사무라이 행정가를 중국의 사대부士大夫에 버금가게 만들어주었다. 덕분에 지방에 번藩이 산재해 있었음에도 에도의 도쿠가와막부는 강력한 중앙집권적 통치를 계속할 수 있었다. 주자학은 그렇게 도쿠가와막부 치하의 일본에서 번성했다.

물론 막부의 공식적인 후원만으로 주자학이 성행했던 것은 아니다. 당시 일본이 주자학을 수용한 데는 주자학이 표방하는 합리주의와 인도주의, 그리고 실용주의도 한몫을 했다. 일본 유학자들이 특히 선호한 유학 개념은 《대학大學》에 나오는 '격물치지格物致知'였다. 이 대목은 일본인에게 인간사회의 법칙을 관찰하고 자연현상에 관심을 기울이라고 가르쳤다. 또 기본적인 인간관계를 규정한 삼강오륜三綱五倫은 에도시대 사회 형성의 기초로 작용했다.

도쿠가와 시대 전기前期에 유학의 덕목을 앞장서서 퍼뜨린 유학자는 1608년 도쿠가와 이에야스의 고문이 된 하야시 라잔林羅山이다. 그는 1630년 에도의 우에노上野에 사립학교를 설립하였으며, 이것이 나중에 막부의 공식 학교인 쇼헤코昌平黌가 됐다. 초기에는 이 학교에 막부 소속 사무라이만 입학할 수 있었으나 뒤에 가서 번 소속 사무라이와 평민도 입학이 허가되었다. 막부가 에도에 학교를 세우는 등 학문을 장려하자 많은 번에서도 그들 나름대로 학교를 세우게 되었다. 쇼군과 다이묘는 또 유명 유학자들의 후원자 역할을 했다.

주자학 이외에 다른 종류의 유교 학파도 속속 성립되었다. 양명학陽明學과 고학(古學 : 유교의 원점인 공자의 사상으로 되돌아가서 유교를 파악하자는 학문)이 등장한 것이다. 이들 학파는 지배자 입장에서 보면 이단異端이지만 막부는 금하지 않았다. 또 상인 계급이 부상浮上함에 따라 학문은 더욱 대중화되었다. 이런 움직임을 대표한 사람이 심학(心學 : 마음공부)의 시조이자 일본에서 대중교육을 처음 이끌어 낸 이시다 바이간石田梅岩이다.

막부에서 장려하는 주자학 외에 양명학과 여타 학파들이 존재함에 따라 일본의 유교 사상은 다양해졌다. 중국이나 조선과 달리 일본에서는 유학을 과거시험과 결부 짓지 않았으므로 일본의 유학은 획일화되지 않고 자유로웠다. 유학자들은 사람을 능력 위주로 등용할 것을 권고했다. 이들의 권고는 수많은 번藩이 산재한 일본에서 권력위임을 통해, 그리고 많은 경우 양자養子제도를 통해 실행되었다.

일본 유학자들은 일본적인 것이 무엇인가를 놓고 깊이 고민했다. 그래서 유교의 보편적인 가르침을 일본의 특이성에 맞추는 경향이 강했다. 이를 처음 이끌어낸 사람은 하야시 라잔이다. 비슷한 맥락에서 도쿠가와 방계 집안이자 《대일본사大日本史》편찬을 주도한 미토가水戸家 역시 민족적 특수성을 강조했다.

이러한 배타주의·민족주의 경향은 국학자들 사이에서도 마찬가지로 나타났다. 국학자들은 또 천황가문의 우위優位와 정통성을 강조함으로써 왕정복고를 위한 세력 결집의 계기를 제공했다. 국학자들의 이런 주장은 "천황 밑에 사민四民의 구분이란 없다"는 목소리로 표출되면서 일종의 평등주의로 받아들여졌다.

18세기 유교, 신도, 불교 학자들 간의 논쟁을 서서히 잠식해 들어간 것은 서양 학문과의 만남과 난학의 발달이었다. 일본 학자들은 가난으로 고통 받는 평민과 일본의 낮은 의료수준 등을 보며 기술적 진보의 필요성을 절감했다. 그래서 그들은 당시 참으로 대단해 보였던 서양 학문을 연구하겠다고 나섰다.

일본이 오랫동안 추종해온 중국 학문에 대해 의구심을 갖게 된 것은 역설적으로 서양 학문을 번역해놓은 중국 책을 일본인들이 읽으면서다. 이들 중국 서적은 일본인들에게 근대화를 향한 열망을 불러일으켰다. 일본 지식계급은 또 이 중국 번역서를 읽으면서 서양 철학을 접하게 되었다.

이런 모든 지적 움직임이 합쳐져 에도시대는 일본이 근대사회로 도약하는 디딤돌이 되었다. 그들은 평화롭고 조화로운 시대를 만들기 위해 다양성을 중시하는 지적 전통을 일궈냈다. 유교와 불교와 신도가, 주자학과 양명학과 고학이, 중국문화와 서양문화와 일본문화가 합쳐지고 경쟁하고 정리되며 '화和'를 이뤄나갔다. 그 풍성한 지적 담론의 양분을 빨아들이며 일본은 현실적이고 균형감 있는 시각으로 새로운 시대를 내다볼 수 있었다.

5장

•

메이지유신은 어떻게 군국주의로 변질됐나

조슈와 사쓰마의 복수,
메이지유신(明治維新)

●

250여 년 간 쇄국을 고수하며 일본을 통치해온 도쿠가와막부는, 그러나 1853년 미국의 페리 제독이 군함 4척을 이끌고 와 도쿄 앞바다에서 개국開國을 요구하자 존폐의 위기를 맞는다. 당시 에도 주민들을 경악시킨 이른바 '흑선黑船의 내항來港'이다.

페리 제독은 미국 대통령의 친서를 소지하고 막부의 코앞에서 무력시위를 벌였다. 미국 입장에서 이문이 많은 중국과 무역하려면 일본이 중간 거점으로 적격이었다. 중국과 샌프란시스코 사이를 오가는 무역선에는 엄청난 양의 석탄이 필요했다. 배에 실어야 할 석탄이 어찌나 많은지 정작 중요한 화물을 실을 공간이 부족할

지경이었다. 마침 일본에 석탄이 풍부하다는 사실을 알게 된 미국은 일본을 반드시 개국시켜 디딤돌로 삼으려 했다.

페리는 결국 1854년에 막부와 화친조약을 체결함으로써 자신의 임무를 완수했다. 그러자 다른 서구열강들도 이리떼처럼 달려들었다. 몇 년 안에 일본은 미국, 영국, 프랑스, 러시아와 줄줄이 불평등한 통상조약을 맺지 않으면 안 되었다. 여기에 네덜란드도 일본과의 인연을 들먹이며 끼어들었다. 이를 두고 일본 국내에서 거센 반발이 일었다. 사쓰마, 조슈 등 막부의 오랜 반대세력이 이 틈을 비집고 천황을 내세워 쇼군을 흔들었다.

마침내 일본은 혁명적 변화에 휩싸인다. 도쿠가와 쇼군의 에도시대는 그렇게 막을 내리고 천황을 중심으로 한 근대적 통일국가가 모습을 드러냈다.

흔들리는 막부체제

사실 도쿠가와막부는 페리가 오기 전부터 체제의 균열 속에 내부적으로 와해되고 있었다. 우선 막부체제의 근간인 사무라이들이 경제적으로 곤경에 처해 있었다. 도시 사무라이들은 녹봉으로 쌀을 받고 이를 현금화해서 생활한다. 그런데 에도시대에 일본 인구가 급증하면서 수시로 쌀 품귀 현상이 벌어졌고 쌀값도 등락을 거듭했다. 흉년이 들면 이런 상황은 더욱 악화되었다. 결국 사무라이들은 평소 멸시하는 상인들에게 빚을 지는 신세가 되었다.

게다가 도쿠가와 쇼군 치하에서 2세기 넘게 평화가 지속되자 전쟁이 본분인 사무라이의 일자리가 갈수록 줄어들었고, 봉급도 형편없이 낮아졌다. 또 사무라이를 먹여 살리느라 가혹한 세금부담에 시달려온 농민들도 저항하기 시작했다. 농민의 저항은 집단도주, 상소上疏, 폭력행위 등으로 다양하게 나타났는데, 19세기에 이르면 그 빈도가 훨씬 잦아진다.

이 때문에 체면 불고하고 도시에서 상업에 종사하거나 지방 행정직의 문을 두드리는 사무라이가 많아졌다. 금전적 어려움이 심한 경우 막부에서 사무라이의 체통을 고려해 금지하던 막노동까지 나서야 했다. 쇼군에 대한 사무라이들의 절대적 충성심은 서서히 의구심으로, 분노로 바뀌어갔다. 막부가 외세에 고개를 숙이자 그들의 칼끝은 주군에게 향했다.

도시 상인들의 불만도 사무라이에 뒤지지 않았다. 이미 어마어마한 부를 거머쥐었지만 쇼군이 다스리는 일본에서 그들의 사회적 지위는 여전히 하층민이었다. 다이묘와 사무라이들은 걸핏하면 자신들에게 손을 벌리면서도 조금만 수틀리면 칼을 휘두르기 일쑤였다. 때마침 일본에서는 천황 아래로 사민(四民 : 사무라이, 농민, 수공업자, 상인)이 평등하다는 사상이 싹 트고 있었다. 부를 축적한 거상들은 쇼군을 몰아내고 천황을 복권시키는 '사업'에 돈을 댈 준비가 되어 있었다.

한편, 호시탐탐 도쿠가와막부의 권력을 넘보던 사쓰마번과 조슈번은 체제 균열의 흐름을 예의주시했다. 이 서부의 강력한 사무라이 가문들은 과거 도요토미 히데요시에게 충성하다가 도쿠가와 이에야스에게 패해 쫓겨난 전력이 있었다. 어찌 보면 도요토미 히데요시의 옛 추종자들인 셈이다. 도요토미 히데요시는 대륙정벌의 망상을 품고 임진왜란을 일으켰는데, 이들에게 그 호전적인 피가 이어졌다고 볼 수 있다.

서부에서 칼을 갈며 복수의 날을 기다리던 사쓰마번과 조슈번은 도쿠가와막부가 서구열강들과 굴욕적인 조약을 맺고 거센 반발에 직면하자 그 칼을 빼들었다. 그들이 내세운 것은 천황이었다. 쇼군을 천황에게서 권력을 찬탈한 자로 몰고, '존왕양이(尊王攘夷 : 천황을 받들고 외세를 물리침)'를 부르짖었다. 물론 이것은 어디까지나 도요토미 히데요시의 옛 추종자들이 반反막부 세력을 규합하기 위해 쓴 술책이었을 뿐이다.

조슈번의 쿠데타

일본의 왕정복고와 근대적 개혁을 의미하는 메이지유신은, 흑선의 내항 이후 분출된 '존왕양이' 구호와 함께 시작되었다. 도쿠가와 막부에 대한 반발은 갈수록 거칠고 과격한 양상을 띠었다. 사쓰마번과 조슈번이 주축이 된 존왕양이파는 1860년 3월 막부의 2인자인 이이 나오스케井伊直弼 암살을 사주했다. 친親막부파 인사는 물론 서양인까지 무차별적으로 테러하기에 이르렀다. 그리고 천황에게 충성하고 일본을 외세로부터 지킬 결의가 있는지, 쇼군에게 공개적으로 질문했다.

영국은 사쓰마 출신의 암살범 사무라이들을 처벌하라고 막부에 요구했지만 거부당했다. 천황 주변에 포진한 존왕양이 세력은 천황을 설득하여 쇼군이 서명한 통상조약을 번복하고 외국 선박의 일본 입항을 금하는 명령을 내리도록 했다. 조슈의 다이묘는 자신의 영지에 있는 요새들에 명령을 내려 일본 내해內海로 들어오는 외국 선박에 발포토록 했다.

서구열강들은 적대행위에 대응하여 함대를 집결했다. 연합함대는 1863년 사쓰마번의 중심지인 가고시마鹿兒島를, 1864년 시모노세키下關의 조슈번 요새들을 포격했다. 무력에서 밀린 사쓰마·조슈 가문들은 외국인과 외국 선박에 대한 적대행동을 즉각 중지하고 오히려 서양의 신식무기를 사들일 것을 모색했다.

조슈번에서 심상찮은 사건이 터진 것은 이 무렵이었다. 시모노세키가 서구 함대의 포격을 받기 직전인 1864년 7월에 조슈의 유신지사들이 천황이 있는 교토에서 막부 요인들을 암살하려다가 발각되었다. 이때 조슈번은 오히려 군대를 동원해 교토로 밀고 들어갔으나 먼저 서구 함대의 뜨거운 맛을 본 사쓰마번이 막부군에 가세하는 바람에 패퇴하고 말았다(금문의 변).

이어서 시모노세키가 불바다가 되고 막부의 10만 대군이 압박해 들어오자 조슈번은 사면초가에 몰렸다. 쇼군은 조슈에 복속의 표시를 하라는 영을 내렸다. 조슈번의 다이묘는 중신들과 의논 끝에 이를 수락하고 말았다. 그러자 복속에 반대했던 젊은 사무라이들이 쿠데타를 일으켜 번의 정권을 갈아치웠다(1865년 1월). 이 과정에서 다이묘의 중신 21명이 할복을 하거나 참수를 당하였다.

결과적으로 조슈번의 쿠데타는 일본의 미래 향방에 큰 영향을 미치게 된다. 다카스기 신사쿠, 이토 히로부미, 야마가타 아리토모, 이노우에 가오루 등 이 쿠데타를 일으킨 조슈의 유신지사들은 몇 년 후 쇼군을 몰아내고 왕정을 복고하는 데 주도적인 역할을 맡는다. 뿐만 아니라 쿠데타 주모자인 다카스기 신사쿠는 요절했지만, 그를 따른 다른 주역들은 뒷날 메이지 정부의 요직을 역임하며 군국주의 일본제국 건설에 앞장선다.

다시 1864년으로 돌아와 서구열강들은 통상조약을 맺은 쇼군을 지지하기 위해 함대를 오사카에 집결하고 천황에게 조약을 존중하라고 요구했다. 자신의 지지기반인 사쓰마·조슈가 서구 함대에 맥없이 무너지는 것을 본 천황은 이 요구에 응했다. 이를 계기로 외세에 대한 일본 내의 조직적인 저항은 종식되었고 대다수 번들이 서구열강들과의 외교·통상 관계를 받아들이기 시작했다.

'양이洋夷'문제가 일단락되자 반反막부파는 존왕尊王, 즉 천황의 복권에 힘을 집중했다. 쿠데타에 성공한 조슈의 젊은 사무라이들은 신식무기를 입수하기 위해 은밀히 영국에 다녀온 다음 외국인과 외국문물에 대한 편견을 바로잡았다. 대신 그들은 일본이 서구열강과 대등해지려면 천황을 중심으로 통일된 정부를 갖추는 것이 관건이라고 확신했다. 그러려면 막부를 무너뜨리는 게 급선무였다. 조슈번은 그렇게 쇼군 타도의 거점이 되었다.

조슈는 사무라이와 평민으로 구성된 군사집단을 조직하고 서양의 신식무기로 무장시켰다. 동시에 인접한 사쓰마와 동맹을 맺으면서 반反막부파를 규합했다. 1866년 쇼군은 이들을 응징하기 위해 대군을 일으켰지만 신식무기의 위력에 밀려 치명적 타격을 입는다. 그 결과 도쿠가와 쇼군의 위신은 땅에 떨어졌고 천황이 정국의 주도권을 행사했다.

1867년 조슈·사쓰마는 막부 토벌계획을 세우고 최후의 일격을 준비했다. 도쿠가와 쇼군은 전면적인 내전을 피하려고 자리에서 물러나 국가통치권을 천황에게 돌려준다. 이를 대정봉환大政奉還이라고 부른다. 물론 그에게는 내심 기대하는 바가 있었다. 천황이 자신을 고위직에 새로 임명해주리라는 것. 하지만 천황에게서 돌아온 것은 영지마저 내놓으라는 명이었고 전前 쇼군은 이를 거절한다. 이 틈을 타 조슈·사쓰마의 신정부군이 막부를 공격했다. 결국 그해 12월 에도가 유신지사들의 수중에 떨어졌다.

1868년 1월 전국의 유력 다이묘들이 천황이 있는 교토로 불려가 왕정복고를 통보받았다. 같은 해 무쓰히토睦仁 천황은 에도로 왕궁을 옮기고 도쿄로 개명하였다. 새 연호는 메이지明治였다. 왕정복고의 중심에는 기도 다카요시(조슈), 사이고 다카모리(사쓰마), 오쿠보 도시미치(사쓰마) 등 유신 3걸이 자리매김했다. 이토 히로부미, 야마가타 아리토모, 이노우에 가오루 등 조슈의 젊은 반란자들도 함께 했다.

천황의 참모가 된 유신지사들은 일본이 외세의 간섭으로부터 스스로를 지키려면 근본적인 변화가 절실하다고 봤다. 그들은 메이지 천황에게 건의해 5개조의 서문誓文을 발표하게 했다. 이 서문에 신정부가 나아갈 방향을 담았다. 이로써 가마쿠라막부 이후 700년에 걸친 쇼군의 통치가 막을 내리고 근대적인 통일국가가 일본에 들어섰다. 이를 가리켜 흔히 '메이지유신'이라 부른다.

메이지 정부 장악한
요시다 쇼인의 제자들

●

"천하는 천황이 지배하고, 그 아래 만민은 평등하다."

1857년 조슈번長州藩 하기성萩城 쇼카촌松下村의 단층 목조건물에서 27세의 젊은 스승이 제자들에게 '일군만민론一君萬民論'을 가르치고 있었다. 이 사숙(私塾 : 학문 등을 사사로이 가르치는 곳)의 주인은 요시다 쇼인吉田松陰, 후에 메이지유신의 정신적 지도자로 알려지는 인물이다. 제자들은 신분이나 남녀의 구별을 두지 않았다. 15평 남짓한 쇼카손주쿠松下村塾는 존왕양이와 부국강병의 열망으로 뜨겁게 달아올랐다.

요시다 쇼인이 키운 조슈의 유신지사들

요시다 쇼인은 사상가이자 행동가였다. 미국을 배우려고 페리 제독의 흑선에 밀항을 시도하기도 하고, 막부 토벌을 위해 직접 요인 암살에 나서기도 했다. 결국 그는 막부의 표적이 돼 1859년 에도에서 처형당했다. 스승의 죽음에 제자들은 분기했다. 기도 다카요시木戸孝允, 다카스키 신사쿠, 이토 히로부미, 야마가타 아리토모, 이노우에 가오루井上聞多, 구사카 겐즈이久坂玄瑞, 가쓰라 다로 등 조슈의 대표적 유신지사들이 다 요시다 쇼인에게 배운 쇼카손주쿠松下村塾 동문이다.

요시다 쇼인의 제자들은 유능하고 야심만만한 국수주의자들이었다. 그들은 쇼군을 타도하기 위해 존왕양이 구호를 외치며 지지자들을 끌어모았다. 하지만 서구열강을 배척하다가 세가 불리해지자 한 순간에 돌변해 외세의 힘을 빌리고자 했다. 또 왕정복고를 실현한 다음에는 천황에게 명목상의 전권만 주고 실질적으로는 자신들이 정부를 통제하였다. 스승은 어땠는지 몰라도 제자들의 존왕양이 구호에는 진정성이 없었다. 조슈의 사무라이들이 유신지사 행세를 한 것은 오로지 선조들에게 물려받은 호전적인 복수심과 권력욕의 발로로 평가절하 받기도 했다.

1868년 왕정복고 이후 요시다 쇼인이 키운 조슈의 유신지사들은 사쓰마 출신인 사이고 다카모리, 오쿠보 도시미치大久保利通 등과 손잡고 천황의 참모 자격으로 국가의 경영을 주도했다. 그들은 천황 유일 지배체제 하에서 통일되고 강력한 일본을 만들자면 봉건제도, 벌족閥族, 엄격한 신분제도를 철폐하는 것이 급선무라고 보았다.

1869년 신분제도 개혁이 시작됐다. 이에 따라 다이묘와 상층 귀족은 화족華族, 일반 사무라이는 사족士族, 농공상민農工商民은 평민平民으로 새로이 분류되었다.

메이지 개혁가들은 다이묘들을 압박해 영지를 천황에게 반납토록 했다. 다이묘들은 또 천황이 이사한 도쿄에 거주하고 사병私兵을 천황에게 배속시키라는 명령도 받았다. 천황은 자기에게 영지를 바친 전직 다이묘들을 그들의 과거 영지를 통치하는 관리로 임명했다. 농민들은 이제 다이묘가 아닌 중앙정부에 직접 세금을 납부하게 됐다. 전직 다이묘들은 영지에서의 수입을 잃은 것에 대한 벌충으로 정부에서 상당한 연금을 받았으며, 이와 함께 부하 사무라이를 부양하는 부담을 면제받았다. 사무라이 부양의무는 이제 정부로 넘어갔다.

1871년, 메이지 천황은 봉건제도와 벌족을 폐지하는 칙령을 발표했다. 자신의 옛 영지를 위탁 관리하는 신분으로 바뀌었던 전직 다이묘는 점차 행정직에서 밀려났다. 대신 영지와 관직을 뺏긴 데 대한 보상으로 1884년 서구식 귀족 작위를 받게 된다. 이런 방식으로 다이묘들은 권력의 현장에서 사라져갔다.

그런데 봉건제도가 정식으로 철폐되자 사무라이가 고난에 처하게 되었다. 사무라이는 다이묘에게서 받던 봉급이 정부 연금으로 바뀌면서 수입이 더 줄어들었다. 그 결과 많은 사무라이들이 가난에 허덕이게 되었다. 수입 감소로 고통 받는 사무라이가 늘어나자 정부는 사무라이들에게 상업과 금융에 종사하라고 권유했다. 전통적으로 사무라이는 겸직이 금지되었는데, 이제 정부가 나서서 아예 전직을 하라고 등을 떠밀었다. 평생을 전사戰士로 살 줄 알았던 사무라이들은 바뀐 세상에서 살아남기 위해 부지런히 행정기량을 익혔다. 메이지유신 이후 정부, 군부, 재계 등 근대 일본의 다양한 영역에 사무라이가 포진했다.

하지만 모든 사무라이가 변신에 성공한 것은 아니었다. 직업을 빼앗기고 소득을 삭감당하고 지위와 특권을 박탈당한 사무라이들 사이에서 정부에 대한 불만이 누적돼갔다. 칼을 차고 다니는 것을 포기하고 '천직賤職'에 종사하라는 제안까지 받은 사무라이들은 어이가 없었다. 그렇다고 메이지 천황이 1873년 도입한 새 징병제에 사무라이가 비집고 들어갈 틈도 없었다. 왜냐하면 징집병은 대부분 평민으로 채워졌기 때문이다.

분노를 이기지 못한 일부 사무라이가 실제로 무기를 들고 정부에 항거했다. 조슈·사쓰마 지역에서 반란이 일어났다. 이 지역 사무라이들은 특히 배신감을 많이 느끼고 있었다. 왜냐하면 자신들이 왕정복고 운동에 앞장섰기 때문이다. 가장 격렬한 반란은 1877년 사쓰마의 사이고 다카모리가 이끌었으며 6개월간 지속되었다(세이난전쟁). 하지만 사무라이의 반란은 무장이 뛰어나고 잘 훈련받은 정부군에 의해 진압되었다.

이 과정에서 메이지 정부 내 사쓰마의 지분이 현저히 약화되었다. 정한론을 주장하다가 관철되지 않자 귀향한 사이고 다카모리는 1877년 세이난전쟁의 와중에 자결로 생을 마감한다. 또 사실상 메이지 정부를 이끌던 오쿠보 도시미치 역시 세이난전쟁을 승리로 이끌었지만 그 여파로 이듬해 암살당하고 만다. 사쓰마의 두 거두가 사라짐에 따라 1878년 이후 메이지 정부는 조슈 출신들이 장악하고 만다.

메이지유신 이후 문명개화의 혁신

한편, 메이지유신 이후 일본인은 서양문물을 열광적으로 받아들였다. 1868년에서 1885년 사이 일본은 우편제도, 전신電信시스템, 철도, 은행, 장거리 증기선 등을 속속 도입했다. 일본열도 전역이 '문명개화文明開化'의 길로 질주하기 시작했다.

메이지유신이 추구한 또 다른 길은 '부국강병富國強兵'이었다. 메이지 정부는 혹시 있을지 모를 외국의 무력사용을 경계했다. 힘깨나 쓴다던 사쓰마·조슈가 외국 함대에 맞섰다가 맥없이 무너지는 것을 목격한 유신지사들이었다. 그들은 일본을 방어할 수단을 획득하는 데 심혈을 기울였다. 해군과 육군을 강력하게 무장시키려면 무엇보다 관련 산업 인프라가 절실했다. 신정부는 재정 압박에 시달리면서도 전략적 방위산업과 근대적 통신 인프라 구축에 매달렸다.

이와 함께 정부는 미쓰이, 스미토모, 미쓰비시三菱, 야스다安田의 4대 재벌을 끼고 산업화를 추진했다. 이들 재벌은 에도시대 이후 엄청난 부를 쌓았고 상업, 금융, 제조업 분야에서 거대 기업으로 성장했다. 그중에서 미쓰이와 스미토모는 왕정복고 운동에 막대한 자금을 대기도 했다. 재벌들은 고마움을 느끼는 천황 정부로부터 각종 특혜를 보상으로 받는다. 대표적으로 이 시기 정부가 세금으로 조성한 중공업 인프라가 뒤에 재벌들에게 헐값으로 불하되었다.

메이지 정부는 서구열강들이 강한 것은 국민을 단합시키는 입헌 정부, 생산력을 증대하는 산업화, 그리고 국가안보를 책임지는 신식군대 덕분이라고 생각했다. 이에 관한 지식을 얻자면 서양 국가들에게 배워야 했다. 그래서 신정부는 조슈 출신의 이와쿠라 도모미를 필두로 관료 사절단을 조직해 1871년 미국과 유럽으로 파견한 것이다.

유신 지도자들은 나아가 일본이 국가 정체성을 새로이 정립할 필요가 있다고 판단했다. 그들은 천황을 국민적 단합의 상징으로 내세워 일본 사회를 정신적으로 통일시키려 했다. 이를 위해 일본의 고대는 물론 부분적으로 신화시대의 전통 가치까지 끌어왔다.

지도자들은 연구 끝에 옛 신도神道 신앙을 일본의 공식 종교로 부활시켰다. 신도의 교의敎義가 자신들의 목적에 부합했기 때문이다. 신도는 천황을 신성시했다. 천황을 최고의 신인 아마테라스 오미카미天照大神, 즉 태양여신의 자손으로 믿었다. 이것은 국민에게 천황을 숭배하고 천황에게 복종하라고 요구할 명분을 제공했다. 일본은 여느 나라가 아니라 아마테라스 오미카미가 창조한 신국神國이며, 천황은 태양여신의 후손으로 신국을 다스리는 전지전능하고 신성한 지배자였다.

이후 일본인은 천황을 현인신現人神, 즉 사람의 모습으로 나타난

신이라 여기고 섬겨왔다. 천황이 신神의 자리에서 내려와 자신이 사람임을 선언한 것은 미국이 히로시마廣島와 나가사키長崎에 원자 폭탄을 투하하고 일본이 무조건 항복한 직후였다.

군국주의의 또 다른 얼굴, '범아시아주의'

•

한국과 중국의 반일감정을 논박하는 글을 주로 써온 일본의 보수 논객 니시무라 고유西村幸祐가 2015년 4월 《21세기 탈아론脫亞論, 중국·한국과의 결별》이라는 책을 출간했다. 〈탈아론〉은 원래 메이지시대 일본의 계몽사상가로 현재 1만 엔円 화폐에 초상화가 실려 있는 후쿠자와 유키치福澤諭吉의 대표적인 이론이다. 그것이 21세기에 부활한 까닭은 무엇일까?

이 책에서 저자는 후쿠자와의 〈탈아론〉이 아시아 멸시가 아니었다고 주장한다. 단지 근대화에 실패하여 화이질서華夷秩序의 그늘에서 허우적대는 조선 및 청국과의 결별이었으며, 동시에 러시아에 대한 방어론이었다는 것이다.

니시무라는 현재 한국이 반일 이데올로기에 자폐된 채 사대주의적인 자세로 중국에 의존하고 있다고 본다. 중국도 패권주의와 중화사상이라는 화이질서의 부활을 목표로 국내적으로 나치스 같은 민족정화淨化 정책을 전개한다고 비판한다. 그가 일본에 21세기판 〈탈아론〉을 제안한 이유가 여기 있다. 이와 같은 동아시아 정세를 감안할 때 일본은 다시 아시아를 떠나야 한다는 것이다. 130년 만에 후쿠자와 유키치가 고스란히 부활하는 모습을 우리는 씁쓸한 심정으로 목격하고 있다.

서양에 맞선 또 다른 제국주의

메이지유신 주역들이 내건 일본 근대화의 양대 슬로건은 '문명개화'와 '부국강병'이었다. 그들은 막부 시절 서구열강의 포함砲艦외교에 맥없이 무너지고 말았던 조국 일본에 심한 열등감을 느꼈다. 1850~1860년대에 도쿠가와 쇼군이 외국의 압력에 못 이겨 체결한 불평등조약들을 굴욕이라고 여겼다. 이 조약들은 메이지 정부에서도 당연히 효력이 유지되고 있었다.

불평등조약을 수정하자면 일본이 충분한 교섭력을 가져야 한다.

열강에 버금가는 국력을 길러야 하고, 문명화되어야 했다. 이를 자각한 유신 지도자들은 사소하게는 남녀혼욕混浴 풍습 추방에서부터 크게는 독일헌법을 모델로 한 일본헌법 제정(1889년)에 이르기까지 일본의 근대화를 강하게 밀어붙였다.

메이지 정부는 이와 함께 서구열강들의 제국주의 행태를 면밀히 관찰했다. 특히 서양 각국이 벌이는 약육강식弱肉强食의 식민지 쟁탈전에 주목했다. 19세기 말 일본이 직면한 세계는 약자를 가차없이 도태시키는 살벌한 곳이었다. 당시 서구열강들의 식민지 쟁탈전은 아시아, 아프리카, 태평양에서 최고조에 달해 있었다.

일본은 동남아 국가들이 서양 제국주의 세력의 수중에 속속 떨어지는 것을 지켜보았다. 버마·말라야가 영국에, 베트남·라오스·캄보디아가 프랑스에, 인도네시아가 네덜란드에, 필리핀이 미국에 각각 접수되었다. 동남아에서는 태국만 영국과 프랑스 세력 간 완충지대로 독립을 유지했다. 동북아에서 중국과 한국은 독립을 유지했지만 둘 다 허약했다. 일본 지도자들이 보기에 서구열강들이 아시아 정복을 마치면 일본마저 넘볼 것이 분명했다. 그대로 앉아 있다가는 국가의 존립이 위태로울 수 있다고 판단한 그들은 공격을 통한 방어라는 전략을 채택하고 일본 나름의 제국 건설에 나섰다.

서양 제국주의자들이 식민지 개척에 나서면서 내세운 논리는 "열등한 인종을 우월한 우리가 개화開化시킨다"는 것이었다. 일본도 이들을 흉내 내어 비슷한 논리를 개발했다. "아시아에서 인종적·문화적으로 우월한 일본이 서양세력을 몰아내고 아시아의 지배자가 되는 게 순리"라는 것. 이 논리에 불만으로 똘똘 뭉친 극우성향의 전직 사무라이들이 적극 동조하고 나섰다.

그런데 일본 국내에는 이런 생각에 반발하는 세력도 있었다. "아시아가 단결하여 유럽 제국주의에 맞서 싸워야 한다"는 범汎아시아주의자들이 존재했다. 그들 가운데 특히 진보세력은 아시아 국가들이 서구열강들 때문에 겪는 고통을 함께 아파하기도 했다. 하지만 범아시아주의자들도 이내 생각을 바꿔 "아시아를 떠나 서양에 합류하자"는 소위 '탈아입구脫亞入歐'로 치달았다. 일본의 대외침략을 정당화하는 정치선전으로 변질·정착된 것이다.

후쿠자와 유키치는 〈탈아론〉에서 "우리는 아시아 국가들에서 벗어나 우리 자신의 운명을 서구의 문명국가와 함께하는 것이 낫다"고 주장했다. 이 무렵 일본인들은, '문명개화한' 일본은 중국을 포함한 다른 아시아 국가들과 공통점이 거의 없으므로 '문명화되지 않은' 여타 아시아인들을 멸시해도 된다고 생각했다.

일본의 범아시아주의는 결국 제국주의였다. 메이지 정부 지도자들은 일본의 안전을 담보하려면 아시아에서 영토를 충분히 확보할 필요가 있다고 결론을 내렸다. 일본과 제일 가깝고, 일본의 안전에 특히 중요한 조선을 그 첫 대상으로 지목했다.

일찍이 1870년대에 사이고 다카모리 등 정한론자征韓論者들이 조선 침략을 건의했지만 아직 일본의 실력이 모자란다고 판단한 최고 지도부는 이 건의를 거부한 바 있었다. 그러다 일본은 1894~1895년에 한반도에서 중국을 상대로 전쟁을 벌여 승리했다. 그들이 볼 때 청일전쟁은 '근대화한 일본'이 '뒤떨어진 중국'에 거둔 당연한 승리였다. 이는 일본의 서양 제국주의 클럽 가입을 알리는 신호였다.

그러나 일본이 청일전쟁의 전리품으로 중국에게서 얻은 랴오뚱반도遼東半島를, 만주진출을 노리던 러시아가 가만 내버려두지 않았다. 러시아의 사주를 받아 일본 견제에 나선 프랑스와 독일도 압력을 가했다(삼국간섭). 열세를 느낀 일본은 랴오뚱반도를 반환했다. 제국주의 클럽 내에서 일본은 아직 약체였던 것이다.

그 후 일본은 와신상담 끝에 1904년 러시아와 전쟁을 벌여 엄청난 피해를 입으면서도 기어이 승리했다. 러일전쟁 승리로 일본은 유럽강국과 어깨를 나란히 하게 되었다. 그 여세를 몰아 1910년 조선도 합병했다. 이로써 서구열강들과 대등해지겠다는 메이지 정부 지도자들의 오랜 꿈이 일단 실현되었다. 그들은 일본이 드디어 아시아를 떠나 서양 제국주의의 일원이 됐다고 생각했다.

복고주의로의 회귀

메이지시대에 일본이 수립한 '탈아입구' 기조는 쇼와시대인 1930년대 들어 표면상 '아시아 복귀'로 180도 바뀐다. 그것은 일본이 1940년대 초반 미국을 비롯한 서양 국가들과 전쟁에 돌입할 때까지 일본의 국가 지도이념으로 기능했다.

일본은 1931년 청나라 마지막 황제 푸이溥儀를 허수아비 국왕으로 삼아 만주국을 세우면서 건국이념으로 '오족협화五族協和'를 내세웠다. 즉 일본인日本人, 한인漢人, 조선인朝鮮人, 만주인滿洲人, 몽고인蒙古人 등 다섯 민족이 화합하며 공동번영을 도모하자는 취지였다. 물론 '오족협화'의 속내는 "우월한 우리 일본인이 너희들 나머지 민족을 지배할 테니 오족이 단결해 서방에 맞서자"는 것이었다. 그럼에도 명분상으로는 19세기 말부터 내려오는 범아시아주의의 외피外皮를 걸치고 있었다.

이 새로운 범아시아주의는 사실 군국주의의 또 다른 얼굴이었다. 그 출발점은 19세기 후반 전직 사무라이들의 복고주의로 거슬러 올라간다. 메이지유신으로 설 자리를 잃은 옛 사무라이 계급은 가속화되는 일본의 서구화에 불만이 많았다. 완전히 뒤집어진 사회에서 그들은 극도의 소외감을 느꼈다. 그 결과 전직 사무라이들은 애국단체들에 속속 빨려 들어가 전통가치의 수호자로 변신했다. 부패한 서양 세력을 일본에서 몰아내고 천황을 중심으로 단결하자고 목소리를 높였다. 나아가 일본이 군사력을 이용해 영토를 해외로 확장해야 한다고 주장했다.

19세기 후반의 복고주의는 천황 중심주의와 애국주의에 기대고 있었다. 하지만 일본에서 서구화가 지속적으로 진행되다 보니 주류主流의 생각을 움직일 만큼 강하지는 않았다. 1910~1920년대에 이르면 일본은 서양처럼 지역구를 가진 정당인들이 정치를 좌우하게 된다. 게다가 1921~1922년 워싱턴에서 개최된 군축회의의 결정에 따라 일본이 아시아에서 독자적인 군사행동을 벌인다는 건 꿈도 꿀 수 없었다. 복고주의가 끼어들 여지가 적었던 것이다.

하지만 군부는 달랐다. 그들은 '워싱턴 군축회의 체제'로 인해 자기들의 손발이 묶였다며 분노했다. 일본 군부는 서구화된 정치인들과 달리 일본적인 것을 되찾자는 복고주의에 적극 영합했다. 때마침 1929년 미국에서 시작된 대공황이 일본으로 번져 국가적 위기감이 고조되고 있었다. 서구화의 부작용인 공산주의와 노동쟁의의 확산 또한 공포심을 불러일으켰다. 설상가상으로 일본이 오래 관리해온 만주지역도 중국의 민족주의 대두로 위태로운 지경에 처했다. 복고주의가 한껏 힘을 얻을 수 있는 환경이 조성된 것이다.

1930년대 초 일본 군부는 친親서방 정치지도자들을 내쫓고 일본을 복고주의 노선으로 되돌리는 작업에 나섰다. 이로써 자유민주주의가 압살당하고 광신적 천황 숭배가 극성을 부렸다. 체제 반대파에 대한 탄압이 강화되고 서구문화 배척 운동이 전개되었다.

잔혹성으로 드러난 일본의 범아시아주의

서방과의 외교적 협력을 포기한 군부는 1931년 만주사변을 일으켜 만주를 점령했다. 이어 1937년 중국과 전면전에 들어갔다. 1940년 9월 히틀러가 일으킨 2차 세계대전으로 유럽이 아시아 식민지를 돌볼 여유가 없어진 틈을 타, 일본은 프랑스 괴뢰정부인 비시정부의 묵인 아래 재빨리 베트남에 진주했다.

미국은 일본에 "베트남에서 철군하고 중국에서도 물러나라"고 요구했지만 일본이 이를 듣지 않자 1941년 일본에 대한 석유수출을 금지했다. 석유금수禁輸로 생존의 위협을 느낀 일본은 1941년

12월 7일 하와이 진주만의 미국 함대를 기습했다. 일본 군부의 복고주의 광기가 태평양전쟁까지 몰고 온 것이다.

일본 군부는 서양과의 전쟁을 국민들에게 '성전聖戰'이라고 선전했다. 1940년대 초 일본은 천황에 절대 복종하고 신도神道를 유일한 정교正教로 삼는 일종의 신정神政국가가 되어 있었다. 메이지 천황의 손자인 쇼와 천황은 살아 있는 신으로 숭배되었으며 군부는 천황의 권위를 업고 나라 전체를 거대한 전쟁기계로 변질시켰다. 사상의 자유는 일절 인정되지 않았다.

그 무렵 일본은 범아시아주의를 표방함으로써 서방에 맞설 아시아의 우군을 끌어들이려 했다. 하지만 계속된 전쟁의 와중에서 범아시아주의의 본질이 만천하에 드러났다. 문명개화를 먼저 이룬 일본이 맏형이 되어 덜 개화된 형제들을 자애롭게 보살핀다지만, 실제로는 아시아인들을 학대하면서 범아시아주의가 거짓이었음을 스스로 폭로한 것이다.

일본군은 아시아 곳곳에서 극도의 야만성과 잔학성을 표출했다. 중국 민간인 수십만 명을 학살한 1937년의 '난징南京대학살'은 대표적 본보기였다. 또 한국 등지에서 군위안부를 강제 동원해 인권을 유린한 짓도 차마 입에 담을 수 없는 만행이었다. 일본은 1940년 왕정위汪精衛를 내세워 난징에 괴뢰정부를 세웠지만 중국 인민의 마음을 얻지 못하고 오히려 더 거센 저항만 불러일으켰다. 한국 역시 국내외에서 독립운동을 펼치며 일본군의 후방을 괴롭혔다.

반면 일본은 중국이나 한국과 달리 동남아에서는 자못 유리한 환경을 누릴 수 있었다. 일본은 1942년 초 파죽지세로 영국, 네덜란드, 미국을 몰아붙였다. 그 위세를 목격한 동남아의 많은 민족주의자들이 심지어 일본을 우러러보게 되었다. 그들은 "아시아는 아시아인이 다스려야 한다"며 현지의 독립을 돕겠다는 일본의 약속을 믿었다. 그 결과 버마의 민족주의자들은 침략하는 일본군과 동행했으며, 태국의 군사정권은 일본과 동맹해 미국에 선전포고까지 했다.

이때 일본이 전쟁 수행의 명분으로 내세운 구호가 바로 '대동아공영권大東亞共榮圈'이다. 대동아공영권은 일본이 대동아(일본, 한국, 만주, 북중국)의 중심축이 되어 대동아의 1차 산품을 일본에 수입하고, 일본의 제조품을 대동아에 수출한다는 이론이다. 그러나 일본의 본심은 전쟁 수행 과정에서 지나치게 확장된 전역戰域을 지탱하기 위해 대동아를 원료 조달지로 착취하는 것이었다.

그 영향으로 동남아에서 실업, 인플레가 발생하고 주민들의 불만이 고조되었다. 그러자 일본은 1943년 버마와 필리핀에 명목상 독립을 허용하고 여타 지역에서는 민족주의자들을 회유했다. 하지만 한때 일본의 동맹이었던 태국과 버마 등도 결국 일본에 등을 돌리고 말았다. 범아시아주의를 표방하며 군국주의 침략행위를 정당화 한 일본 군부는 끝내 사면초가에 몰려 멸망으로 치달았다.

조슈와 요시다 쇼인,
그리고 안중근

•

조슈번이 배출한 사상가이자 메이지유신의 정신적 지주, 요시다 쇼인. 그는 1854년 서양의 힘을 확인하기 위해 밀항을 시도하다가 갇혔다. 당시 요시다 쇼인이 감옥에서 쓴 저술이 바로 《유수록》이다. 그 가운데 한 대목을 인용해본다.

"일본이 구미열강과 어깨를 나란히 하려면 지금 군비를 강화해야 한다. 그리고 에조(홋카이도)를 개척하고, 오호츠크와 캄차카를 빼앗아야 하며, 류큐(오키나와)를 종속시키고, 조선을 공략해서 예전처럼 일본에 복종시켜야 한다. 또 북으로 만주에서 남으로 대만, 루손(필리핀)에 이르기까지 모조리 장악하고 오스트레일리아도 식민지로 삼아야 한다."

-《유수록》의 일부 중 발췌

소름 끼친다. 정한론을 포함해 군국주의 일본의 미래를 암시하는 내용이 아닌가. 실제로 이토 히로부미, 야마가타 아리토모, 이노우에 가오루, 노기 마레스케 등 요시다 쇼인을 추종한 조슈 출신의 사무라이들은 일본 군국주의 형성에 지대한 영향을 미쳤다. 앞에서 인용한 요시다 쇼인의 이념은 19세기 후반 이래 일본 군부에 스며들다가 마침내 광기 어린 침략전쟁을 야기했다.

광기의 군국주의

일본은 1931년 9월 만주사변을 일으켰고, 1937년 7월 중국을 상대로 전면전을 시작했다. 이어 1941년 12월 미국·영국·네덜란드를 상대로 태평양전쟁을 일으켰다. 이 전쟁은 1945년 8월 15일 일본이 항복하면서 끝났다. 만주사변에서 태평양전쟁에 이르는 일련의 전쟁을 일본에서는 '15년 전쟁'이라고 부른다.

이 전쟁을 통해 군국주의 일본이 인류, 특히 아시아인에게 끼친

해악은 엄청났다. 군인을 빼고 민간인만 보더라도 최대 2,000만 명이 일본이 일으킨 전쟁 때문에 사망한 것으로 알려졌다. 하와이 대학의 정치학자 R. J. 러멜은 이 민간인 사망자를 542만 4,000명으로 계산했고 《제국주의 일본의 2차 대전》이라는 책을 저술한 워너 그룹은 2,036만 5,000명으로 추계했다.

또 '태평양전쟁 온라인 백과사전'에 따르면 태평양전쟁에서 전사하거나 실종된 군인은 미군 11만 명, 일본군 174만 명이다. 태평양전쟁을 담은 기록영상을 보면 잘 알 수 있듯이, 미군은 일본군이 점령한 태평양의 섬들을 탈환하거나 침공하면서 병력보다 무기를 비롯한 군수물자로 먼저 일본군을 압도했다. 아시아 곳곳에 주둔했던 일본군 가운데는 보급이 원활치 못해 굶어죽거나 병사한 사람도 많았다.

사실 태평양전쟁 당시 미국과 일본은 국력에서 비교가 되지 않았다. 미국의 압도적 우세였다. 전쟁이 가열되자 미국은 자국의 막강한 제조업을 전면 가동해 군함을 하루 한 척씩 건조했다. 일본 군부도 미국의 막강한 전쟁 수행능력을 진작부터 알고 있었다. 다만 기습작전으로 하와이의 미국 태평양함대를 궤멸하고 나면 미국이 화의和議를 거론하리라, 오판한 것이다.

일본의 미국 공격은 어느 모로 보더라도 무모했다. 그것은 군부의 광기가 빚은 자살행위였다. 그 광기가 바로 군국주의의 실체다. 즉 보편적인 사고방식으로 이해할 수 없는 특수한 정신작용의 일종인 것이다. 그렇다면 일본의 군국주의는 어디에 뿌리를 두고 있는 것일까?

학자들의 견해를 종합하면 일본 군국주의의 기원은 '야마토'와 '신도'로 거슬러 올라간다.

야마토大和는 3세기 말 세워진 일본 최초의 정권으로 일본에서 다수를 차지하는 종족을 통칭하는 말이다. 이 용어는 일본 본토의 지배적인 주민을 한반도 등지에서 건너간 도래인渡來人을 포함해 주변적인 소수민족 집단들과 구분하기 위하여 19세기 후반부터 쓰기 시작했다.

신도神道는 일본의 토착종교로, 자연물 숭배에서 발전한 일종의 애니미즘이다. 신도 의식儀式은 고대 일본의 신화·전설 등을 기술한 8세기 역사서 《고사기古事記》와 《일본서기日本書紀》에 처음 기록되었다. 그렇지만 이 책들은 통일된 종교로서의 신도가 아니라 토속 신앙과 신화의 집합을 언급했다.

신도에는 내세관來世觀도 없고 교의도 없다. 또 경전도 없고 교주도 없으며 설교도 하지 않는다. 신도교 신자라는 말도 없다. 누구나 신사에 들러 복을 비는 것이 오늘날의 신도다. 하지만 앞에서 살펴보았듯이 메이지유신으로 일본이 근대국가로 나아가면서 국민을 결집하기 위해 신도를 국교로 정하고 그 정점에 천황을 올려놓았다.

태평양전쟁 당시 일본은 쇼와昭和 천황, 즉 히로히토裕仁 천황을 야마토 민족의 신성한 기원紀元을 상기시키는 '살아 있는 신'으로 끌어올렸다. 국민을 전쟁에 내모는 과정에서 먼 옛날로부터 야마토와 신도를 끌어와 군국주의를 부채질하는 데 사용했다.

무사도 정신을 따른 일본 군부

한편 700년 간 일본을 지배했던 사무라이의 '무사도武士道'는 보다 직접적으로 군국주의와 결부됐다. 무사도는 무신지배 기간에 위계질서를 강조하는 유교, 삶과 죽음을 초월하라고 가르치는 불교, 민간 신앙 신도가 상호 습합하며 탄생했다는 설이 유력하다. 일단 무사도가 정립되자 이것이 수백 년 동안 자기강화自己强化를 거듭한 끝에 '15년 전쟁'으로 치닫는 현대 군국주의로 결정結晶되었다고 연구자들은 보고 있다.

2차 대전 당시 미군에 밀린 일본군 장교들 가운데 다수가 포로가 되기보다 자살을 택한 것은 이른바 무사도로 설명할 수 있다.

무사도는 사무라이에게 주군主君에 대한 맹목적인 충성, 전투에서 목숨 돌보지 않기, 고통과 불편 참기, 자제, 안락한 생활 거부하기 등을 요구한다. 이러한 군사적인 덕목 말고도 사무라이는 부모를 섬기고, 명예를 소중히 하고, 정직하고, 인정을 베풀고, 관대하고, 예의를 지키고, 자신을 통제하고, 돈에 무관심하도록 권장 받았다.

무사도 정신 가운데 대표적인 것이 바로 맹목적인 충성이다. 메이지유신 이후 등장한 근대식 일본 군대는 프러시아의 전통을 이어받은 독일 군대를 모델로 삼았다. 하지만 이는 어디까지나 무기 체계와 편제와 훈련 등에서 독일식을 따랐다는 것이지, 군인정신은 철저히 일본식이었다. 2차 대전이 한창이었을 때 독일군 내에서 히틀러 암살 시도가 여러 차례 있었던 반면, 태평양전쟁 당시 일본군에서는 천황에 대한 불경이 단 한 차례도 없었다. 천황에 대한 일본군의 무조건적인 복종을 잘 말해준다.

물론 상관에 대한 하극상이 없었던 건 아니다. 중요한 것은 충성의 대상이다. 1930년대 일본에서 군부가 폭주하는 가운데 군부 내에서도 황도파皇道派와 통제파統制派 간의 갈등이 극심했다. 황도파는 천황의 친정親政을 옹호하고 관료·재벌 등 특권 계급의 타파를 추구했다. 통제파는 현상을 유지하면서 군부의 입지를 서서히 강화해 간다는 입장을 취했다. 젊은 장교들이 주축을 이룬 황도파는 군부 주도권을 놓고 온건파라고 할 수 있는 통제파와 사사건건 대립했다.

급기야 1935년 8월 황도파 육군중령이 대낮에 군무국장인 통제파 육군소장을 찾아가 살해하는 사건이 벌어진다. "황도파 중심인물인 육군대장을 교육총감직에서 왜 경질했냐"며 그 자리에서 상관을 일본도로 벤 것이다. 어찌 보면 천황에 대한 맹목적인 충성이 일본 군부를 광기에 빠지게 한 것이다. 맹목적이라 안하무인이다. 이런 군부를 말릴 세력이 없으니 결국 일본이 태평양전쟁 속으로 빨려 들어간 것이다.

군국주의 일본군의 무사도는 천황을 위해 목숨을 바치는 것을 의미했다. 패배는 수치이고 항복은 불명예다. 거꾸로 패배하고 항복한 적에게 동정을 표시하는 것은 약함이다. 따라서 포로는 마음대로 멸시해도 되는 사람이었다. 2차 대전 때 일본군이 필리핀에 수용한 미군 포로들을 가혹하게 다룬 것은 유명하다. 중일전쟁 당시 일본군이 자행한 남경학살도 진정한 무사도와는 거리가 먼 잔혹행위였다.

일본 군부는 1868년 천황이 권력을 회복한 이후 2차 대전에서 패할 때까지 대체로 무사도를 따랐다. 하지만 과거와 달리 천황의 시대가 열린 이후 무사도의 실행에 있어 비뚤어진 측면이 많이 드러났다. 그 배후에 조슈의 정치인들이 자리하고 있다.

조슈 출신인 이토 히로부미, 야마가타 아리토모, 이노우에 가오루 등은 다카스기 신사쿠와 함께 신식군대를 조직해 막부군을 무찌른 바 있다. 그들이 훈련시킨 조슈의 신식군대가 메이지유신 이후 일본군의 근간이 되었다. 조슈 사무라이의 호전적인 침략야욕과 천황을 신격화한 대일본제국 청사진이 일본 군부에 이식된 것이다. 그것이 무사도를 왜곡하고 군국주의의 광기로 변질시켰다.

호전적인 침략야욕은 도요토미 히데요시의 옛 추종세력으로서 조슈 사무라이들에 이어져온 DNA가 아닌가 싶다. 천황을 신격화한 대일본제국 청사진도 요시다 쇼인의 추종자들이 신봉한 과대망상이다. 그런데 오늘날 일본의 모습이 그렇게 변하려는 건 아닌지 염려스럽다.

요시다 쇼인의 제자로 한반도 강점에 앞장선 조슈 출신 이토 히로부미와 요시다 쇼인을 존경한다며 집단적 자위권을 추진하고 있는 야마구치현(조슈의 현재 지명) 태생의 아베 신조는 여러 모로 오버랩된다. 과거 조슈 출신의 요시다 쇼인 제자들은 일본을 미친 전쟁의 소용돌이에 빠뜨렸다. 오늘날 조슈와 요시다 쇼인의 후예들은 어떨까? 벌써부터 군국주의의 망령이 부활하고 있다는 우려가 쏟아져 나오고 있다.

그러나 필자는 에도시대 이래 화和를 일궈온 일본의 저력을 알고 있다. 일본인에게는 다양성을 중시하고 조화를 일궈온 정신문화가 면면히 이어져오고 있다. 그것이 최근 한 쪽으로 치닫는 일본을 다시 균형 잡힌 화和의 길로 인도할 것이라 믿는다. 필요하다면 한국인과 일본인이 손을 잡아야 한다. 조슈와 요시다 쇼인의 후예들을 고립시키고 군국주의 망령의 부활을 막는 일은 단순히 일본 국내문제만은 아니다.

1909년 10월 안중근이 하얼빈역에서 이토 히로부미를 저격했다. 일본인들은 그를 테러리스트라고 폄하하지만 사실 안중근은 원대한 평화주의자였다. 당시 뤼순감옥에서 그는 《동양평화론》을 저술하던 도중 일본 측의 불법적인 사형집행으로 형장의 이슬이 되고 말았다. 쓰다가 만 《동양평화론》에서 안중근은 한국과 일본, 그리고 중국이 힘을 모아 외세에 맞서고 평화의 길을 열자고 부르짖었다. 그 미완의 《동양평화론》을 완성할 책임이 바로 지금 우리에게 있다.

6장

·

여전히 세계를 움직이는 일본의 저력

패전, 그러나
다시 일어선 일본

•

일본이 아시아에 강요하려 했던 일본 중심의 질서는 태평양전쟁에서 미국에 패함으로써 수포로 돌아갔다.

당초 일본은 거인巨人 미국과 오래 싸울 생각이 없었다. 진주만을 기습해 미국 태평양함대를 궤멸하고 나면 힘이 약해진 미국과 강화를 도모할 생각이었다. 하지만 항공모함이 포함된 미국 태평양함대의 주력은 일본군의 기습에서 살아남았다. 미국은 곧바로 반격에 들어갔다. 1942년 6월 미드웨이 해전海戰을 분수령으로 승기勝機를 잡아 일본을 일방적으로 공략한 끝에 1945년 8월 무조건 항복을 받아냈다.

히로시마와 나가사키에 원자탄이 떨어지고 이어 미군이 일본 본토에 진주하면서 일본제국은 한 순간에 무너졌다. 천황숭배도 자취를 감추었다. 애국주의와 군국주의가 불신을 받았고 아시아를 서양 세력에게서 구원한다던 일본의 '사명' 역시 신기루처럼 사라졌다. 미국의 후견 아래 일본은 1947년 〈평화헌법〉을 제정하고 자유민주주의 국가를 향해 급속히 행진하기 시작했다.

세계 2위 경제대국으로

2차 대전이 끝나고 미국과 소련을 양대 축으로 냉전체제가 형성되면서 일본의 안전을 지키는 문제를 놓고 논쟁이 벌어졌다. 진보 쪽에서는 비무장 중립을 선호했고, 보수 쪽에서는 군비를 재건해 미국의 적극적인 우방으로서 공산주의 제압에 나서자고 주장했다. 1950년대 일본에서는 이런 상반된 견해가 열띤 논쟁을 불러 시위로 이어지기도 했다. 그러나 보수 쪽 견해는 일본을 전전戰前으로 되돌리는 것에 대한 대다수 국민의 공포와 저항에 밀려 제압되었다.

이렇게 해서 일본은 국가안보와 관련해, 미국의 핵우산 밑으로 들어가고 미군의 일본 주둔을 허용하며 미국의 냉전정책을 지지함으로써, 일본 자체적으로 자국 안보 의무를 지지 않는 형태를 취했다. 그러면서 본토 방위를 전담하는 제한적이고 소규모인 군사조직, 자위대를 창설했다. 자위대가 평화헌법에 부합하느냐를 놓고 일본 국내에서 한동안 논쟁이 이어졌다. 미국은 일본이 집단방위체제에 들어오기를 원했지만 일본은 평화헌법을 들이대며 미국 측 요청을 번번이 거절했다. 유엔 회원국이면서도 역시 같은 이유를 들어 유엔 평화유지군 활동에 참여하지 않았다.

일본이 국제 정치·군사 무대에서 낮은 자세로 일관하는 가운데, 일본인은 특유의 근면성과 사무라이식의 충성심을 국가 대신 소속 회사에 바침으로써 단기간에 경제를 부흥시켰다. 메이지시대에 품었던 꿈인 '부국강병'에서 '강병强兵'을 떼 내고 '부국富國'으로 범위를 축소해 경제건설에 매진했다. 1960년대 일본은 연평균 10% 대의 고속성장을 질주하였으며, 그 결과 단기간에 미국에 이어 세계 2위 경제대국으로 성장했다. 패전국 일본이 '아시아의 거인'으로 돌아온 것이다.

이후 일본은 2011년 중국에 G2 자리를 내어주었지만, 여전히 세계 3위 경제대국 지위를 유지하고 있다. 일본의 GDP는 2014년 4조 7,698억 달러로 1조 4,495억 달러인 한국보다 3.29배 많다. 일본의 1인당 GDP는 3만 7,540달러로 2만 8,739달러인 한국보다 1.3배 많다. 2015년 1월 말 기준 일본의 외환보유액은 1조 2,611

억 달러로 2015년 3월 말 기준 3,627억 달러인 한국보다 3.47배 많다. 2013년 말 기준 일본의 대외순자산(한 국가의 정부·기업·개인이 해외에 보유하고 있는 대외자산에서 대외부채를 뺀 것)은 325조 70억 엔(약 3조 2,570억 달러)으로 한국의 대외순자산(2013년 9월 말 기준 227억 달러)보다 143배 많다.

2015년 5월 한국 미래창조과학부가 10대 분야 120가지 '국가전략기술'을 선정했다. 일본이 세계 1등으로 보유한 기술은 초정밀 디스플레이 공정 및 장비, 맞춤형 신재배, 환경친화 자동차, 생산 시스템 생산성 향상, 고효율 전지, 수소에너지, 폐기물 감량 및 처리, 유용 폐자원 재활용, 비非이산화탄소 온실가스 저감, 해양공간 개발, 슈퍼 건설재료 및 자재, 서비스 로봇(건설), 복합 지하 대공간 활용, 정보통신기술(ICT) 기반 친환경 도로기술이다. 한국이 보유한 세계 1등 기술은 하나도 없다.

그럼 최근 집단적 자위권을 추진하고 있는 일본의 군사력은 어느 정도 수준일까? 평면적인 통계만 보면 한국에도 뒤진다. 미국의 독립된 민간 군사·정치·외교 전문 사이트인 '글로벌파이어파워(Global Fire Power, GFP)'에서 매긴 한국의 2015년 군사력 순위는 세계 7위다. 반면 일본은 병력이 적어 9위다. 1~3위는 미국·러시아·중국이며, 인도·영국·프랑스가 4~6위이고, 독일이 8위, 터키가 10위다. 북한은 36위다. 북한의 순위가 형편없이 낮은 것은 국방비 지출이 적기 때문이다(한국의 32분의 1). 북한군이 연료가 없어 훈련을 제대로 하지 못하는 실정은 널리 알려져 있다. GFP는 나라별 군사력 측정에서 핵무기를 제외한다.

일본은 2차 세계대전 패전 뒤 만든 평화헌법 때문에 '자위대自衛隊'라는 모호한 이름의 군사 조직을 보유하고 있다. 병력은 24만 7,173명의 정규군과 5만 7,900명의 예비군으로 빈약해 보이지만 실상은 그렇지 않다. 정규군 전원이 직업군인인 장교와 부사관이어서 유사시 100만 명의 병력을 동원할 수 있는 능력을 갖추고 있다고 봐야 한다.

일본 전력의 핵심은 공군과 해군이다. 특히 2013년 취역한 경輕항공모함 '이즈모'가 2015년 3월부터 실전 배치된 상태다. 이즈모는 갑판 길이 248m, 최대 폭 38m, 배수톤수 1만 9,500t 규모의 항공모함급이다. 지금까지 가장 큰 호위함이었던 '효가'보다 갑판이 51m 더 길고 헬기도 9대까지 실을 수 있다. 해상자위대가 갑판 전체가 평평한 항공모함급 호위함을 보유한 것은 '효가', '이세'에 이어 '이즈모'가 세 번째다. 일본 방위성은 2016년 이즈모급 호위함을 1척 더 취역시킬 예정이다. 또 잠수함 16대, 이지스함을 포함한 구축함 43대, 최신 조기경보기 13대를 보유해 해군 전력은 한국을 훨씬 앞선다고 군사 전문가들은 평가한다. 공군력에서도 이미 5세대 전투기 시제품을 내놓을 정도로 차세대 전투기 개발 사업이 어느 정도 궤도에 올랐고, 연간 국방예산도 한국(331억 달러)보다 많은 416억 달러를 지출한다.

일본의 독자적인 군사력은 질적인 면에서 중국(GFP 세계 3위)을 능가한다. 아시아 지역 군사 전문가인 카일 미조카미의 분석에 따르면 중국군의 무기체계는 대체로 낡았다. 중국군이 보유한 탱크 7,580대 가운데 현대적이라고 할 수 있는 것은 450대에 지나지 않는다. 마찬가지로 중국군의 전투기 1,321대 가운데 쓸 만한 것은 502대에 불과하며 나머지는 1970년대 소련 전투기를 개조한 것이다. 중국군 잠수함 가운데 건조한 지 20년이 넘지 않은 것은 절반에 불과하다.

중국은 2012년 9월 첫 항공모함인 '랴오닝遼寧호'를 취역시킨 데 이어 항모를 추가 건조 중이다. 랴오닝호는 갑판 길이가 302m로 젠殲-15 전투기 20여 대 등 총 60여 대의 항공기를 탑재할 수 있다. 중국은 1998년 우크라이나에서 2,000만 달러(약 223억 원)를 주고 사들인 퇴역 항모에 증기터빈 엔진을 장착하는 등 개조 작업을 벌인 끝에 항모 보유국의 지위에 올랐다. 하지만 랴오닝호는 장거리 항공기를 탑재하기에는 규모가 작아서 작전 반경이 중국 연안에 국한될 것으로 보인다.(한국 해군은 경(輕)항공모함 '독도'를 보유하고 있다. 독도는 갑판 길이 199m, 폭 31m로 6대의 헬기가 동시에 뜨고 내릴 수 있다.)

중국군 무기체계가 대체로 낡은 데 반해 일본은 미국에서 들여온 고등 군사장비로 무장하고 있다. 여기에다 일본은 가까운 장래에 미국에서 신형 미사일 방어 구축함, 잠수함, 상륙차량, 정찰용 무인기, 전투기, V-22 오스프리(고정익기(固定翼機)와 헬기의 장점을 고루 갖춘 다목적 쌍발 수직 이착륙기)를 들여올 계획이다.

일본은 또 2017년 3월부터 미국에서 F-35 전투기를 인도받게 된다. 캐나다에서 발행되는 화교계 군사전문잡지인 〈칸와방무평론(漢和防務評論, 영어판 제호는 Kanwa Asian Defense)〉을 인용해 중국 관영 신문 〈환구시보環球時報〉가 보도한 바에 따르면 F-35는 랴오닝 호의 골칫거리다. 왜냐하면 F-35는 290km 후방에서 랴오닝 호를 향해 요격이 어려운 조인트 미사일을 퍼부을 수 있기 때문이다. F-35는 이와 함께 중국 공군의 주력 전투기인 J-15가 F-35를 탐지하기 이전에 J-15를 찾아내 공격할 수 있다.

일본 열도 또한 SM-3와 PAC-3 요격 미사일로 잘 보호되고 있다. SM(Standard Missile)-3는 '신의 방패' 이지스(Aegis)함에서 쏘는 요격미사일이다. 사거리는 500㎞다. PAC(Patriot Advanced

Capability)−3는 걸프전에서 이라크 스커드 미사일을 격추해 유명해진 패트리엇 미사일의 최신 버전이다. 40㎞ 이내의 낮은 고도에서 요격한다. 이 두 종류 미사일은 적에게서 날아오는 미사일을 대기권 내부와 외부에서 모두 격추할 수 있다.

군사軍事 컨설팅 기업 '아시아 전략 및 위험'의 래리 M. 워첼 사장은 2013년 가을 세계정치대학원(IWP) 강연에서 "일본은 미국을 제외하고 아시아에서 최강의 해군 및 공군 전력을 갖고 있다"라고 밝혔다. 그는 "일본은 전쟁을 금지하는 평화헌법 9조에 의해 제약을 받고 있지만 누구라도 일본과 얽히려 들지 않을 것"이라며 일본의 전력戰力이 막강함을 시사했다.

제조업 경쟁력
세계 1위 일본

•

중국 국무원은 2015년 5월 19일 홈페이지에 '중국 제조製造 2025'
로 이름 붙인 제조업 강화 종합계획을 공개했다. 향후 10년 간 제
조업 10대 분야를 집중 육성해 독일·일본처럼 제조업 강국이 되
겠다는 것이 핵심이다. 10대 분야는 차세대 정보기술(IT), 고급 디
지털 제어 공작기계와 로봇, 항공·우주 설비, 해양 공정 설비 및
첨단 선박, 선진 궤도 교통 설비, 에너지 절약 및 신재생 에너지 자
동차, 전력 설비, 농업기계 설비, 신소재, 바이오 의약 및 고성능
의료기계다.

이 문건은 도입부에서 "제조업은 국민경제의 주체로서 입국立國

의 기본이고, 흥국興國의 도구이며, 강국强國의 기초다. 세계 강국의 흥망성쇠와 중화민족의 분투奮鬪 역사가 증명하듯이 강대한 제조업 없이는 국가와 민족의 강성함도 없다"고 제조업의 중요성을 강조했다. 또 "30여 년 노력으로 우리는 제조업 1위국이 되었다. 유인有人 우주선, 슈퍼컴퓨터, 고속철도, 석유탐사 설비 등에서 '기술 돌파'를 이룩했다. 하지만 우리 제조업은 여전히 덩치만 컸지 강하지 못하고, 창의력이 미약하며, 핵심 기술의 대외 의존도가 높다"고 중국의 약점을 시인했다.

'중국 제조 2025' 추진배경과 관련해 마오웨이밍毛偉明 공업정보화부 부부장은 베이징에서 기자들에게 "중국은 220여 개 품목의 생산량이 세계 1위를 차지하는 제조업 '대국大國'이지만 '강국强國'은 아니다"며 "2025년까지 제조업 경쟁력을 독일·일본의 턱밑까지 키우고 공산당 집권 100주년이 되는 2049년 세계 최고 제조업 강국으로 도약하겠다"고 중국의 제조업 강화 의지를 밝혔다.

일본기업의 첨단 기술력

중국이 부러워하듯이 일본은 제조업 강국이다. 유엔산업개발기구(UNIDO)가 2013년 6월 발표한 '세계 10대 제조업 강국' 보고서에 따르면 세계에서 제조업 경쟁력이 가장 높은 나라는 일본이다. 2~3위는 독일과 미국이며 한국이 4위다. 대만, 싱가포르, 중국, 스위스, 벨기에, 프랑스가 5~10위다. UNIDO는 세계 133개국을 대상으로 수출시장에서 각국이 차지하는 비중, 1인당 제조업 부가가치 생산액 등 8가지 지표를 바탕으로 순위를 매겼다.

2014년 기준 수출액은 일본이 약 7,100억 달러, 한국이 약 6,300억 달러다. 일본의 수출이 한국보다 약 1.1배 많다. 일본 인구가 한국의 약 2.6배임을 감안하면 한국의 수출규모가 일본에 비해 상대적으로 매우 큼을 알 수 있다. 국가별 수출 규모는 중국–미국–독일–일본–한국–프랑스 순이다.

한국의 수출규모가 일본의 턱밑까지 추격한 상태지만 한국은 여태까지 한 번도 일본과의 무역에서 흑자를 내지 못했다. 중국, 미국, 유럽에 수출해서 번 돈을 일본에 갖다 바치는 대일 무역적자 구조가 수십 년째 고스란히 이어지고 있다. 일본이 그간 쌓은 외환보유액의 절반을 한국이 채워주었다는 분석까지 있을 정도다. 한국이 대일對日 무역역조를 아직까지 극복하지 못하는 것은 핵심적인 부품·소재·기계 등을 일본에서 사와야만 '수출 한국'이 굴러가는 산업구조 때문이다.

무역협회 자료에 따르면 대일 무역적자는 2010년 역대 최대인

361억 달러까지 치솟은 뒤, 2011년 286억 달러, 2012년 255억 달러, 2013년 253억 달러, 2014년 215억 달러를 기록했다. 한국이 일본에서 수입하는 물품 가운데는 오직 일본에서만 생산되는 품목도 적지 않다. 한국 입장에서 한 가지 바람직스러운 현상은 2014년 한국이 자동차 부품의 대일 무역에서 처음 2,000만 달러 흑자(수출 8억 8,000만 달러, 수입 8억 6,000만 달러)를 냈다는 사실이다. 2010년만 해도 이 부문 대일 적자가 10억 달러였음을 상기하면 가히 상전벽해桑田碧海라 할 만하다.

한국 등 23개국에 진출해 있는 일본의 초일류 화학기업 도레이東レ는 일본기업의 첨단 기술력을 압축적으로 보여준다. 이 회사는 유기합성 화학, 고분자 화학, 생화학이라는 3대 기술을 바탕으로 여기에 나노기술을 융합하여 각종 화학제품을 생산한다. 매출액 기준 회사 규모(세계 22위)는 일본에서 미쓰비시화학, 미쓰이화학, 스미토모화학에 뒤지며 한국의 엘지화학(13위)보다 작고 롯데화학(23위)보다 약간 크다. 도레이는 1926년 창업 당시 합성섬유, 합성수지, 플라스틱, 화학제품을 주력품목으로 출범하였으나 이후 제품을 다변화하여 탄소섬유, 의약품, 인공신장 같은 의학제품, 물을 정화하는 데 쓰이는 역삼투막逆滲透膜, 전자제품, IT소재 등으로 사업 영역을 꾸준히 확대해왔다.

도레이는 현재 세계 최대 탄소섬유 생산업체이자 세계 최대 합성섬유 생산업체이다. 도레이의 탄소섬유는 보잉 787기 동체胴體에 독점적으로 사용되고 있다. 도레이는 세계 1위 사업 31개와 세계 유일 사업 7개, 세계 최초 사업 10개를 보유하고 있다. '넘버원(Number One)'이라 불리는 최고最高 사업에는 폴리에스터 필름, 폴리에스터 면혼綿混직물, 탄소섬유 등이 있다. '온리원(Only One)'이라 불리는 유일唯一 사업에는 PPS필름, Para계系 아라미드 필름, 혈액정화기, 폴리아미드 컬러필터 등이 있다. '퍼스트원(First One)'이라 불리는 최초最初 사업에는 나노합금 필름, 인터페론 제제製劑, 혈관확장제 유도체, 인공피혁 등이 있다.

일본 경제의 히든 챔피언

일본에는 종업원 4만 명에 연매출 17조 원인 도레이 같은 대기업 외에도 기술력이 뛰어난 중소기업이 대거 포진해 제조업 경쟁력 세계 1위를 떠받치고 있다.

1980년대 중반 미국 하버드대학에서 방문 교수로 있던 독일 경영학자 헤르만 시몬은 그곳에서 세계화 개념의 창시자 테오도르 레빗을 만났다. 두 사람은 "왜 어떤 국가가 다른 국가보다 수출에서 훨씬 더 좋은 성과를 올리는가?"라는 주제를 놓고 토론했다. 그 결과 그들이 찾아낸 해답이 '숨은 챔피언(히든 챔피언)'이었다. 두 학자가 정의한 '히든 챔피언'은 자신의 분야에서 세계 3위 안에 드는 중소기업으로서 고유한 기술적 위상을 지니고 동시에 시장 지배력이 있는 기업이다.

'히든 챔피언'은 일반 대중에게는 잘 알려지지 않았지만 시장을 선도하는 기업을 말한다. 이들 기업은 국가, 지역, 심지어 세계 차원에서 그들이 지배하는 틈새시장에 집중하는데, 그 시장 점유율은 종종 70%를 넘어선다. 독일에서는 메텔슈탄트(인력이 500명을 넘지 않고 매출이 5,000만 유로 미만인 기업)로서 첨단 제조업 중심의 기업이 '히든 챔피언'의 주종을 이룬다. 독일의 메텔슈탄트를 일본에서는 '중간中間기업'이라고 부른다.

2009년 11월 영국 시사주간지 〈이코노미스트〉는 세계적 경쟁력을 지닌 일본 중간기업을 여럿 소개했다. 이 잡지에 따르면 일본 홋카이도에 있는 일본제강소日本製鋼所에서 제작한 특수부품인 원자로 용기容器가 없으면 전 세계 원자력발전소 건설이 일제히 중단된다. 소규모 주물鑄物 용기를 생산하는 업체는 많지만 600톤짜리 단일 주괴鑄塊에서 개당 1억 5,000만 달러짜리 원전 핵심 부품을 단조鍛造해내는 기술을 가진 곳은 이 회사 말고는 없다.

일본의 시마노가 세계 자전거 부품 시장을 지배하고 YKK가 세계 지퍼시장을 휩쓰는 것을 모르는 사람은 많지 않다. 왜냐하면 이들 회사의 제품은 겉으로 드러나기 때문이다. 하지만 전자, 엔지니어링, 소재素材 분야에서 일본기업들이 휘두르는 막강한 영향력은 잘 알려져 있지 않다. 왜냐하면 이런 분야의 기술은 일반 소비자들 눈에 띄지 않기 때문이다. 하지만 이와 상관없이 해당 일본기업들은 특정 제품에 없어서는 안 될 필수불가결한 기술로 시장을 압도한다.

컴퓨터 하드디스크 드라이브에 쓰이는 모터의 75%는 Nidec사에서 나온다. 전 세계 자동차 백미러 안에 내장된 극소형 모터 10개 중 9개는 일본 마부치 제품이다. 일본이 강세를 보이는 제품들은 흔히 부품이거나 소재이거나 아니면 설비를 만드는 데 쓰이는 설비, 즉 다른 말로 '기계를 만드는 기계'다. TEL사는 LCD 패널을 만드는 데 쓰이는 식각蝕刻장비의 90%를 생산한다. 코발렌트사는 컴퓨터 칩으로 전환되는 동안 실리콘웨이퍼를 지탱하는 용기의 60%를 생산한다.

일본기업들끼리 필수 기술 시장을 놓고 경쟁하는 경우도 적지 않다. 신에츠信越화학은 반도체에 패턴을 입히는 데 쓰이는 포토마스크용 기판基板 시장의 50%를 점유한다. 하지만 같은 시장을 놓고 코발렌트, NSG, AGC, 토소 같은 일본업체들이 함께 경쟁한다. 일본기업들은 예컨대 집적회로集積回路 완성품 결합재結合材와 LCD 패널을 만드는 석판인쇄 기계에서 비슷한 장악력을 발휘한다.

사정이 이렇다 보니 LCD 생산대국인 한국에서 LCD 생산이 증가하면 이들 일본업체의 매출이 자동적으로 늘게 되어 있다. 소니와 파나소닉처럼 한때 세계 시장을 주름잡았던 일본의 대표적인 전자업체들이 삼성전자 등에 형편없이 밀리더라도 신에츠처럼 규모가 더 작고 덜 알려진 일본기업, 즉 중간기업들이 세계 기술산업이 의존하는 틈새시장을 계속해서 지배한다.

세밀한 일본의 기술력

삼성과 애플의 완성품 표면에는 당연히 삼성과 애플의 로고가 새겨지지만 그 내장內臟에는 일본 부품이 많다. 일본경제산업성에 따르면 일본기업은 시장규모 10억 달러 이상인 최소 30개 기술 부문에서 세계시장의 70% 이상을 점유한다. 일본기업이 지배하는 기술 부문은 필름에서 LCD 화면에 쓰이는 확산광擴散光, 전기장치의 전류를 조절하는 다층多層 세라믹 축전기까지 다양하다.

일본의 기술력을 집약적으로 보여주는 기막힌 사례는 육안으로는 확인이 어려울 정도로 작은 축전기蓄電器다. 소금 알갱이만 한 축전기를 보려면 확대경을 사용해야 한다. 축전기는 회로에서 전력을 저장하며 수많은 전자기기의 기본 부품을 구성한다. 축전기한 개 가격은 수십 원에서 수백 원에 불과하지만 휴대 전화기 한대에 100개, PC 한 대에 1,000개의 축전기가 들어간다. 세계 축전기 시장에서 일본의 무라타村田제작소는 40%를 점유한다.

니토덴코日東電工는 LCD 디스플레이 제작과 관련해 시장을 선도하는 제품 20개 이상을 생산하며, 전기모터 카본브러시 시장의 70%를 점유한다. 미쓰비시화학은 천연 백색白色 LED 전구를 만드는 데 들어가는 붉은 인광燐光물질 시장을 거의 독점한다. 신에츠는 반도체용 특정 실리콘웨이퍼 시장에서 최상위를 자랑하며 교세라는 여러 집적회로 부품에서 시장을 선도한다.

일본기업의 뛰어난 제조기술을 설명하는 수많은 학설 가운데 일본의 두 경영학자 노나카 이쿠지로野中郁次郎, 다케우치 히로타카竹内弘高가 《지식창조 기업—일본기업들은 어떻게 혁신의 동력을 창조하는가》(옥스퍼드대학 출판부, 1995)에서 소개한 일본기업의 암묵지暗默知 존중 및 활용 관행이 눈길을 끈다. 그것은 제조업에 대한 일본인의 자세를 보여준다.

저자들에 따르면 논리가 똑 부러지는 명시지明示知를 존중하는 구미歐美기업과 달리 일본기업은 명시지보다 암묵지에 더 끌리는 경향이 있다. 암묵지는 직관적이고 체득적이며 해석적이고 불명료하며 비선형非線型이고 과학적 공식으로 축소하기 어렵다. 저자들은 마쓰시타松下전기산업의 제빵기 개발과정을 암묵지 활용의 사례로 제시한다.

이 회사는 "매일 아침 사람들이 신선한 빵을 만들어 먹을 수 있는 기계를 만들어 출시하면 잘 팔릴 거야"라는 생각에서 제빵기 개발에 들어갔다. 하지만 회사 연구진은 어떻게 해야 빵 반죽의 질감을 최상으로 유지할지 난감했다. 그러던 중 이들이 찾아낸 해법은 기술자들을 제빵 명인名人의 제자로 들여보내 그 명인이 어떻게 빵 반죽을 만드는지 관찰케 하는 것이었다. 이들 기술자는 오랜 관찰 끝에 스승인 제빵 명인의 반죽법을 터득했다. 기술자들은 각자가 관찰한 지식, 즉 빵 반죽과 관련한 장인의 기술적 숙련성을 '사회화하는' 능력이 있었다. 그들은 제빵 명인에게서 터득한 암묵지를 제빵기 설계에 반영하여 크게 히트시켰다.

2015년 스위스 국제경영개발연구원(IMD)의 국제경쟁력 평가 결과 일본의 국가경쟁력 순위가 2014년보다 6단계 낮은 27위로 떨어졌다. 반면 한국은 한 단계 상승해 25위가 됐고 중국 역시 한 단계 올라 22위가 됐다. 1~5위는 미국·홍콩·싱가포르·스위스·캐나다였다. IMD의 국제경쟁력 평가는 세계경제포럼(WEF)의 그것과 더불어 세계 양대 경쟁력 지표다. IMD 평가에서 드러난 일본의 경쟁력 약화는 장기불황에서 좀체 벗어나지 못하고 있는 일본 경제의 실상을 잘 보여준다. 하지만 수많은 기술기업이 떠받치는 세계 최고의 제조업 경쟁력 덕분에 일본은 실물경제, 특히 기술산업에서 여전히 세계를 이끄는 지도적인 위상을 차지하고 있다.

로봇천국 일본의
하이테크 기업

●

일본 야마나시현山梨縣 남동부 후지산富士山 기슭 오시노촌忍野村에
일본이 자랑하는 세계적인 첨단기업의 본사와 공장 건물들이 한
구내에 자리 잡고 있다. 세계 컴퓨터수치제어(CNC) 시장의 65%를
점유한 부동의 1위이자, 세계 산업용 로봇 시장의 18%를 차지해
이 분야 역시 1위인 화낙(FANUC)이 바로 그 회사다. 로봇 시장에서
화낙 바로 아래 위치한 회사는 각각 시장 점유율 17%인 스위스의
ABB, 그리고 또 다른 일본기업인 야스카와전기安川電機다.

세계 CNC 시장 점유율 부동의 1위

CNC는 'Computer Numerical Control(컴퓨터 수치 제어)'의 약자다. '기계 공구를 컴퓨터를 매개로 하여 프로그램적으로 제어하는 것'이 CNC의 정의다. 기계 운전원運轉員이 계속 주의를 기울이며 기계를 조작하지 않아도 기계가 자동적으로 가동되기 때문에 기계 공구의 생산성이 획기적으로 향상된다. 정밀부품이나 기기를 생산할 때 수작업으로 하면 오차가 날 수 있지만 정밀한 CNC 프로그램은 그 오차를 원천적으로 막아준다.

과거 컴퓨터를 사용하지 않던 NC(수치제어) 단계에서는 선반旋盤이나 제작 기계의 절삭切削 도구들이 유압油壓을 사용하여 형판型板을 따르도록 하는 방식을 썼다. 상용商用 NC기계는 1950년대 미국에서 처음 선을 보였으며 천공穿孔 테이프에서 보내오는 신호에 따라 작동했다. NC의 비용절감 효과는 증명되었지만 제조업자들이 NC를 채택하는 속도는 매우 느렸다. 그래서 미국 육군은 NC 보급을 가속화하기 위해 NC기계 120대를 구입해 다양한 제조업자들에게 빌려주었다.

그러다 1960년대에 컴퓨터의 기술적 진보가 이뤄지고 1970년 마침내 CNC가 등장하자 NC를 대체해 나가기 시작했다. CNC 혁명을 시작한 것도 미국 기업들이었다. 하지만 그들은 고급제품에 지나치게 집중했다. 이 틈을 공략해 독일기업들이 처음으로 생산원가를 낮추는 데 성공했다. 독일기업들은 1979년 미국기업들보다 CNC를 더 많이 판매했다. 그러나 챔피언 벨트는 곧 일본기업들에게 돌아갔다. 일본기업들은 CNC 기계의 생산원가를 더 크게 절감하여, 1980년 독일기업들을 밀어냈다.

한국에는 1980년대부터 CNC가 도입돼 제조업 전반에서 주된 생산 방식으로 자리 잡은 지 오래다. 한 마디로 CNC 없는 제조공정은 생각하기 힘들 정도로 CNC는 제조업의 철칙으로 정착됐다.

제조에서 CNC가 얼마나 중요한지는 북한이 2009년 김정은 노동당 제1비서가 후계자로 등장한 직후 금속공업과 경공업 'CNC화'를 중요과제로 내세우며 김정은의 치적 홍보에 열을 올렸던 데서 잘 알 수 있다. 북한은 김정은 등장 이후 연하기계, 희천공작기계 공장에서 수준 높은 CNC 설비들이 제작되고 수출도 이루어지고 있다고 선전해왔다. 2010년에는 라남탄광기계 공장의 CNC 공정화를 달성했고 이후 여러 기업소들이 CNC 공정을 도입했다고 매체를 통해 자랑해왔다.

하지만 북한의 공장과 기업소에서는 CNC 설비와 자동화 공정이 제대로 쓰이지 못하고 있다. CNC에는 안정적인 전기 공급이 필수적인데 북한에서는 정전이 잦다. 정전이 되면 컴퓨터 프로그램에

오류가 발생하고 외국산 부품들이 고장을 일으켜 사용이 어려워진다. 2014년 1월 8일 미국의 자유아시아방송(RFA)은 북한 당국이 김정은의 치적으로 선전하는 CNC가 일선 공장에서 천덕꾸러기 신세가 되었다고 현지 관계자들의 증언을 덧붙여 보도했다.

  삼성전자가 출시한 갤럭시 S6와 S6 엣지는 디자인이 빼어나다는 평가를 받는다. 이 회사가 앞서 출시한 모델들은 모두 외부 프레임으로 플라스틱을 썼지만 S6는 알루미늄을 채택했다. 삼성전자가 새 스마트폰에 사용한 '알루미늄 6013'이라는 소재는 견고하고 고급스럽지만 가공이 여간 까다롭지 않다. 그래서 삼성전자는 이 소재를 정밀하게 깎아내기 위해 화낙의 CNC 공작기계를 선택했다. 삼성전자보다 먼저 알루미늄 몸체를 도입한 애플은 이미 화낙의 CNC 기계를 쓰고 있다. 삼성전자는 갤럭시 S6 양산을 앞두고 화낙으로부터 대당 1억 원에 육박하는 CNC 공작기계를 2만 대 가까이 도입한 것으로 알려졌다.

  화낙은 해외생산 없이 일본 내 공장에서 제품을 전량 생산한다. 오시노촌 화낙 공장의 연구소 벽에는 보통 시계보다 10배 빨리 돌아가는 시계가 걸려 있다. 이것은 세계 최대 로봇업체의 직원들에게 속도가 얼마나 중요한지 강조하기 위한 것이다. 이 회사의 로비에 전시된 로봇은 제 앞의 큰 상자 속에 가득 든 여러 색깔의 알약을 순식간에 색깔별로 집어 올려 무더기 형태로 분류한다. 이를 본 방문객은 화낙 로봇의 뛰어난 성능에 혀를 내두르게 된다.

화낙은 전자회사 후지쓰의 계산제어부가 1972년 분사돼 독립한 벤처기업이었다. 미국과 유럽에서 수입하던 CNC 공작기계를 국산화하는 것을 목표로 삼았다. 후지쓰 직원이던 도쿄공업대 박사 출신 이나바 세이우에몬(稻葉淸右衛門, 현 명예회장)이 창업자가 되어 의지의 화낙을 일구어냈다. 현재는 그의 아들이 CEO를 맡고 있다.

항공기 부품을 만드는 영국기업 프로토콘 엔지니어링은 2014년 화낙에서 7번째로 기계를 사갔다. 이 회사 전무 지오프 스미스는 화낙의 기계공구들이 "빠르고, 정확하고 극도로 신뢰성이 있다"고 〈월스트리트저널〉에 밝혔다. 화낙은 한 달에 2만 2,000~2만 3,000대의 CNC 기계를 생산한다. 화낙 공장은 효율이 높기로 유명한데, 그것은 로봇업체답게 로봇이 작업의 상당 부분을 맡기 때문이다. 예컨대 화낙의 8,000㎡(2,400여 평)짜리 산업용 로봇 공장에 근무하는 직원은 4명이다. 산업용 모터를 조립하는 공장의 경우 로봇들이 달려들어 모터 한 대를 조립해내는 데 걸리는 시간이 40초에 불과하다.

화낙은 애플, 삼성, 샤오미 같은 스마트폰 업체들과 테슬라 등

전기자동차 업체들에 파는 기계공구 및 산업용 로봇의 물량이 급증한 덕분에 매출, 순이익, 주가가 크게 뛰었다. 시가총액 530억 달러인 화낙은 2014 회계연도에 매출 57억 달러, 영업이익 23억 달러를 기록해 영업이익률이 거의 40%에 육박했다. 전체 직원수가 5,500명임을 감안하면 더욱 놀랍다. 직원 1인당 영업이익이 미국의 글로벌 투자은행 골드만삭스보다 25% 많다고 한다. 2015년 3월 현재 현금 보유액만 68억 달러에 이른다. CNC 장비의 주된 사용처는 자동차와 항공우주 산업이지만 의료서비스, 보석가공 산업, 목재산업 등 다른 분야에서도 속속 CNC를 도입하고 있어 앞으로 화낙의 매출은 계속 증가할 것으로 전망된다.

미국도 의존하는
일본의 우주능력

●

미국과 일본은 2015년 4월 27일 워싱턴에서 양국 정상회담을 갖고 '미일방위협력지침(가이드라인)'을 18년 만에 현실에 맞게 개정했다. 두 나라는 이 가이드라인에 의심스러운 위성과 '우주 쓰레기'를 탐지·식별하는 우주 상황 모니터링(SSA)에서 양국이 정보를 공유할 것을 명기했다. 새 가이드라인은 또 우주를 이용한 해양 감시 분야 협력도 담았다.

무기체계에 정통한 국제정치학자 김경민 한양대 교수는 새 가이드라인에 들어 있는 "미국과 일본은 우주와 사이버 공간에서 협력한다"는 대목을 가리켜 "지금까지는 없었던 미일 협력이다. 달에 인류 최초로 발자국을 남긴 우주기술 최고의 초강대국 미국이 왜 일본을 선택했을까. 일본의 우주기술이 최고 정상급이기 때문"이라고 풀이했다. 미국은 10㎝의 지상 물체를 탐지할 수 있는 첩보위성을 보유하고 있다. 일본은 2015년 2월 1일 다섯 번째 첩보위성을 발사해 총 5기의 첩보위성을 갖게 됐는데 30㎝의 지상 물체를 파악한다. 이러한 진전은 시간이 흐를수록 더 작은 물체를 탐지할 수 있게 될 것이라고 김 교수는 본다.

이로써 미일 양국은 해양 진출뿐만 아니라 위성 공격무기(ASAT) 개발 등 우주에서 활발히 활동 중인 중국에 대해 억지력 향상의 토대를 마련했다. 이에 따라 육·해·공에 이어 '제4의 전쟁터'로 불리는 우주 공간에서 일본 자위대와 미군의 연계가 강화되고 군사적 일체화가 빨라질 것으로 여겨진다.

고도의 우주 안보전략

이에 앞서 2015년 1월 일본 정부 기관인 우주정책위원회는 미일 동맹을 강화하고 중국을 견제할 목적으로 우주정책을 국가안보에 처음 접목하는 10년짜리 새 우주전략을 확정했다. 이 제3차 기본계획에 따라 일본은 GPS 백업으로서의 지역 차원 준천정準天頂위성시스템(Quasi-Zenith Satellite System, QZSS) 내비게이션 위성단衛星團을 강화하고, 우주상황 모니터링(SSA)을 강화하며, 해양정보통합망(MDA)을 개발하는 것을 넘어 우주와 관련된 우선순위 사업을 확대해나갈 방침이다.

일본은 또한 정찰위성(IGS) 사업을 8개 위성단으로 2배 늘리고 우주에 기반을 둔 조기경보 능력을 개발하기로 했다. 자민당 소속 국회의원 히로시 이마즈今津寬는 "일본의 가장 중요한 우주 프로그램은 QZSS, SSA, MDA지만 우리는 (우주에 기반을 둔 탄도미사일) 조기경보를 공유하는 것을 내다보고 있다"고 〈디펜스뉴스〉에 밝혔다. 자민당 우주정책위원장을 지내고 현재 자민당 안보연구위원장을 맡고 있는 히로시 의원은 일본이 국가안보 우주설계를 강화해야 한다고 주장해온 대표적 정치인이다.

일본의 우주개발 능력을 대폭 강화하는 것을 목적으로 하는 이 3차 기본계획에서는 QZSS 예산을 현행보다 18.5% 늘어난 223억 엔(약 2,000억 원)으로 책정해 인공위성 7대로 '전면적인' 지역 위성단을 구축케 할 예정이다. 또 IGS 프로그램에도 14% 늘어난 697억 엔(약 6,240억 원)을 배정했다. 2015 회계연도(2015년 4월~2016년 3월) 일본 정부의 우주 관련 예산은 전년보다 18.5% 늘어난 3,245억 엔(약 2조 9,000억 원)이다.

이 기본계획은 국가안보 목표와 이슈를 명확히 했다는 점에서 기존의 정책기조와 구별된다. 이 계획은 중국을 지구촌 안보의 불안정 요인으로 적시摘示하면서 지난 2007년 중국의 미사일 요격 시험, 그리고 잇따른 전파방해 및 섬광 레이저 무기 실험 등을 언급했다.

2007년 1월 11일 중국은 860km 상공에 떠 있는 자국 기상위성을 탄도미사일로 맞춰 폭파했다. 이를 본 세계는 경악했다. 초속 20km의 속도로 움직이는 인공위성을 800km 밖에서 미사일을 쏴 맞추는 것은 결코 쉬운 일이 아니다. 쉽게 말해 날아가는 총알을 총을 쏴서 맞추는 격이다. 이 사건을 통해 세계는 중국의 미사일 기술이 얼마나 발전했는지 생생하게 목격했다. 특히 우주 전력에서 유아독존이던 미국이 바짝 긴장했다. 지상 500km에 떠 있는 미국 첩보위성들이 안전을 보장받을 수 없게 됐기 때문이다. 24개의 인공위성으로 구성된 미국의 GPS 시스템이 여차하면 공격당할 수 있게 된 것이다.

일본은 2013년 12월 펴낸 일본 최초의 〈국가안보전략〉에서 우주정책을 국가·동맹 안보전략에 접목키로 공식 결정했다. 이 결정은 '수동적 방위'에서 벗어나 아베 총리가 주장하는 '선제적 전략'으로 이행하는 일련의 방침 변화를 잘 보여주었다. 미국은 일본이

취한 이러한 새 방향을 강력히 지지한다. 2014년 5월 워싱턴에서 열린 '우주에 관한 미·일 포괄적 대화'의 예비·검토 회의 후 양측은 특히 SSA와 MDA로 중국의 점증하는 공세를 감시하기 위해 우주에서의 안보협력을 강화하기로 합의했다.

제임스 클레이 몰츠는 "일본의 새 정책은 주요한 변화를 의미한다"라고 〈디펜스뉴스〉에 밝혔다. 그는 미국 캘리포니아주 몬터레이에 있는 해군대학원 교수이자 《아시아의 우주경쟁 : 국가적 동기, 지역적 경쟁, 그리고 국제적 위험》이라는 책의 저자이다. 몰츠 교수는 "그것(〈국가안보전략〉)은 또한 우주에서의 군사행동을 허용하는 쪽으로 일련의 확고한 방침을 천명한 최초의 문서이다. 미국의 국가우주정책 문서들과 비교하면 그것은 매우 자세하며 비교적 명료한 비전을 펼친다"고 평가했다.

더 주목할 만한 것은 국가 우주안보가 일본우주항공연구개발기구(JAXA)의 사업들에 스며든 정도이다. 2012년 법적 근거 변경으로 군사적인 우주개발에 참여할 수 있게 되기까지 JAXA는 단순한 국책연구기관이었다. 하지만 JAXA는 요즘 많은 새 민군民軍 겸용 사업을 추진하느라 바쁘다. 차세대 데이터 중계위성 두 대도 이들 사업에 포함되는데, 그중 하나는 증가하는 첩보, 감시, 정찰 트래픽을 극복하는 광위성간光衛星間 자산이다.

JAXA는 또 일본 방위성이 구축한 적외선 미사일 감지기를 JAXA가 구축한 정찰위성에 수용하려 일본 방위성과 직접 협력하고 있다. JAXA는 이와 함께, 신속하게 건조되어 일련의 임무에 적응할 수 있는 신제품 150kg짜리 다목적 전술위성, 그리고 더 선명한 화상畫像을 포착하러 대기권을 넘나들 수 있는 자산을 개발하기 위하여 운용성이 높은 감시위성 기술 플랫폼인 초저고도超低高度 시험위성(SLATS)을 개발하고 있다.

저비용 로켓의 시대를 열다

지난 2012년 5월 18일 대전에 있는 한국항공우주연구원의 임직원은 한국의 세 번째 다목적 실용위성인 아리랑 3호와의 첫 교신에 성공하고 환호성을 질렀다. 아리랑 3호는 앞서 이날 새벽 1시 39분 일본 큐슈 남단의 다네가시마種子島 우주센터에서 발사됐다. 아리랑 3호는 필리핀 남동부 해상 676.35㎞ 상공에서 발사체 로켓 H2A에서 가장 먼저 분리됐다. 이어 일본 위성 3개가 분리됐다.

김경민 한양대 교수에 따르면 일본은 1969년 중의원衆議院의 이름으로 우주를 오로지 평화적으로 이용한다는 선언을 했지만, 우주기술은 평화적 목적과 군사용 사용의 구분이 없기 때문에 조용하게 우주기술을 발전시켜 지금은 세계가 놀랄 정도의 우주능력을 갖고 있다.

현재 일본은 세계에서 가장 기술이 뛰어난 수소액체엔진 H2A 로켓을 보유 중이다. 또 미국이 셔틀 프로젝트를 접는 바람에 국제우주정거장에 화물을 보내지 못하게 되자 일본의 H2B 로켓이 그 임무를 대신한다. 일본의 우주능력은 미국조차 의존할 정도가 됐다.

2013년 9월 일본은 7년 만에 자체 개발한 신형 고체연료 로켓 '엡실론' 발사에 성공했다. JAXA는 9월 14일 오후 2시 가고시마현鹿兒島縣 기모쓰키肝付의 우주공간관측소에서 '엡실론' 1호기를 발사했다. 로켓 발사 약 1시간 후 엡실론에 실려 있던 태양계 행성 관측용 위성 '스프린트A'가 우주 궤도에 진입했다. 스프린트A는 이날 오후 4시경 일본 상공을 통과했다. JAXA는 "태양전지 패널이 정상적으로 열려 있고 자세에도 문제가 없다"고 발표했다. 엡실론 발사가 성공한 것이다.

일본의 고체연료 로켓 발사는 2006년 9월 이후 약 7년 만이다. 일본은 엡실론 발사 성공으로 '저비용 로켓'이라는 새로운 우주개발시대를 열었다. 엡실론은 JAXA와 일본 기업 IHI 에어로스페이스가 205억 엔을 들여 공동 개발했다. 발사비용은 38억 엔으로 일본 간판 로켓인 'H2A' 발사 비용의 3분의 1 수준이다. 소형화와 경량화에도 성공했다. 3단 로켓인 엡실론은 길이 24.4m, 지름 2.6m, 무게 91t이다. 이전 일본의 고체연료 로켓인 M5와 비교하면 길이는 6.3m, 무게는 48t 줄었다. 대량생산도 쉬워졌다.

엡실론은 언제든 군사용으로 쓰일 수 있다. 특히 대륙간탄도미사일(ICBM)로 곧바로 전용轉用될 수 있다. 고체연료 로켓은 특수차량에 실어 옮길 수 있고 짧은 시간에 발사할 수 있어 주로 ICBM으로 쓰인다. 로켓에 위성 대신 폭탄을 달면 ICBM이 된다.

2015년 4월 일본은 무인기를 달에 착륙시키는 프로젝트에 나섰다. 성공하면 옛 소련, 미국, 중국에 이어 4번째 달 탐사 국가가 된다. 일본 〈산케이신문産經新聞〉은 4월 19일 JAXA가 무인 달 탐사기 '슬림(SLIM)'을 2018년에 발사키로 방침을 굳혔다고 보도했다. 일본은 이 프로젝트에 100억~150억 엔(약 910억~1,360억 원)의 예산이 들 것으로 보고 있다. 문부과학성은 이 비용을 2016년 예산에 반영하기로 했다. 자체 개발한 소형 로켓(엡실론 5호기)에 탐사기를 실어 일본 가고시마에서 발사할 계획이다.

그동안 미국 등이 발사한 탐사기는 착륙 시 목표 지점과 실제 착륙 지점이 1km에서 수 km의 오차가 있었다. 하지만 일본의 탐사기는 최첨단 디지털 카메라의 얼굴 인식 기술 등을 응용해 오차를 100m로까지 줄이는 것을 목표로 한다. 일본은 앞서 2005년 탐사선 '하야부사'를 소행성 '이토카와'의 표면에 약 30분간 착륙시킨 바 있다. 이토카와는 중력이 거의 없는 소행성이지만 달은 중력이 비교적 큰 천체다. 일본이 큰 천체에 탐사선을 착륙시킨 적은 없다.

일본은 이미 2007년 달 주변을 도는 위성 '가구야'를 통해 달 상공에서 표면을 상세하게 관측하는 데 성공했다. 그해 10월 일본 정부 우주개발위원회의 달 탐사 실무 모임은 2010년대 중반까지 달 표면 탐사를 실시한다고 공식으로 밝혔고, 이번에 실행계획이 나온 것이다. 〈산케이신문〉은 "달 탐사가 중요한 것은 화성 탐사로 이어지는 발판이기 때문"이라며 "SLIM 발사의 궁극적 목표는 미국이 2030년대를 목표로 추진하는 유인 화성 탐사에서 일본의 존재감을 드러내는 것"이라고 전했다.

7장

·

풍운의 동아시아, 진격의 군국주의

'보통국가' 건설과
아시아 재균형에 숨은 노림수

•

미국의 여론조사 전문기관인 퓨리서치센터는 2014년 봄 흥미로운 자료를 발표했다. 방글라데시, 중국, 인도, 인도네시아, 일본, 말레이시아, 파키스탄, 필리핀, 한국, 태국, 베트남 등 아시아 11개 나라 국민 각각 약 1,000명(중국은 약 3,000명)을 대상으로 '아시아 사람이 서로를 어떻게 인식하고 있는가'를 조사한 결과였다. 이 자료는 일본을 싫어하는 중국과 한국, 그리고 일본에 비교적 우호적인 나머지 나라를 잘 보여준다.

　한국과 중국을 제외한 아시아 전체 지역에서 응답자들은 일본을 상당히 우호적으로 평가했다. 일본을 뺀 조사 대상국 10개 나라

가운데 7개 나라에서 절반 이상의 응답자가 일본에 호감을 표시했다. 일본에 대한 호감도가 높은 나라는 태국(81%), 필리핀(80%), 베트남(77%), 인도네시아(77%), 말레이시아(75%), 방글라데시(71%), 파키스탄(51%) 순이었다. 반면 한국인으로서 일본에 대해 호감을 가진 사람은 22%였다. 중국인의 경우 호감도가 더욱 낮아 고작 8%에 불과했다.

　일본에 대한 호감도가 높게 나타난 필리핀·베트남·인도네시아·말레이시아 4개국은 묘하게도 하나같이 태평양전쟁 때 일본군에 점령당했던 곳이다. 이런 나라에서 오늘날 일본에 대한 호감도가 오히려 높은 것은 일본 정부가 공적개발원조(ODA)를 후하게 베풀고 일본기업의 투자가 활발했기 때문으로 보인다. 이는 영국 총리를 지낸 정치가 헨리 존 템플 팔머스톤이 1848년 3월 1일 영국 하원에서 남긴 발언을 연상시킨다. "우리에게는 영원한 동맹도 없고 영원한 적도 없다. 국익은 영원하며 그것이 우리가 따라야 할 의무이다."

'보통국가' 건설을 향한 일본의 행보
일본의 전후戰後 아시아 복귀는 군국주의 일본의 빗나간 행동을 기억하는 한국과 중국에게서 환영받지 못했다. 일본인은 태평양전쟁 중 일본군이 아시아에서 저지른 행동에 대해 별다른 양심의 가책을 느끼지 않았으며, 오히려 자신들이 원자탄의 피해자라고 생각했다. 그들은 여기서 한 술 더 떠 도쿄 전범재판과 일본의 식민지 보상금 지급으로 일본의 전쟁 책임은 해결됐다는 태도를 보였다.

한국과 중국은 일본의 이런 태도를 책임 회피라고 보았고 실망했다. 여기에 기름을 부은 것은 잊을 만하면 터져 나오는 일본 우익 정치인들의 판에 박은 망언이었다. "일본은 사과할 것이 없으며 난징학살 같은 잔혹행위는 일본을 모욕하고 협박하기 위해 지어낸 것"이라는 주장이 대표적이다.

일본은 한국·중국 등 이웃나라들과 역사문제를 놓고 낯을 붉혔지만 동남아에서는 환영을 받았다. 1970년대와 1980년대 일본은 막강한 경제력을 바탕으로 동남아에 광범하게 진출했다. 1972년 미국과 중국(당시 중공)이 화해하면서 냉전이 부분적으로 와해되자 일본의 동남아 진출은 가속화됐다. 일본은 동남아 국가들에게 후하게 원조금을 풀었고, 동남아 국가들은 일본의 성공을 부러워하며 열심히 배웠다.

1985년 '플라자 합의(1985년 9월 22일 미국 뉴욕의 플라자 호텔에서 프랑스, 독일, 일본, 미국, 영국의 G5 재무장관들이 외환시장의 개입으로 인하여 발생한 달러화 강세를 시정하기로 결의한 조처)'에 따라 일본 엔화 가치가 급속히 올라가면서 일본기업들은 자국 내의 제조공장을 동남아로 대거 옮겼다. 냉전이 종식되면서 일본은 아시아의 경제 지도국으로 떠올랐다. 한국과 중국을 제외한 아시아에서 일본은 미국과 맞먹는 리더십을 발휘하기 시작했다.

한편 1980년대 미국에서 일본의 '안보 무임승차' 여론이 부상하자 일본 내에서는 반미 감정이 일었다. 그것은 무섭게 성장한 일본의 경제실력을 미국이 몰라준다는 불만이었다. 《선전포고, NO라고 말할 수 있는 일본경제》라는 책이 1989년 일본에서 베스트셀러가 된 것은 이런 정서를 대변한다. 저자는 일본의 첨단산업에 의존하는 미국이 일본에 무리한 요구를 해올 경우 이를 거절할 수 있다고 주장했다. 경제적으로 역전된 미국과 일본의 관계를 잘 보여준 사례였다.

일본의 실력이 서양 어느 나라 못지않게 커지자 오래 잠자고 있던 범아시아주의가 일시적으로 부활했다. 일본이 여타 아시아인들과 공통의 대의를 추구하는 것이 바람직하다는 논의였다. 하지만 범아시아주의는 득세하지 못했고 일본은 아시아로 기울지 않았다. 이때까지만 해도 일본인은 아시아 국가들과 연대하여 자국이 지도적 역할을 발휘하는 데 별 관심이 없었다. 부자나라로서 아시아의 어려운 나라들에게 공적원조나 민간투자를 해야 한다는 데는 공감했지만, 일본으로의 이민을 허용하는 등 적극적으로 아시아를 끌어안고 가까이 할 생각은 없었다고 봐야 한다.

하지만 1990년대 이후 일본이 버블경제의 붕괴로 비틀대고 그 사이 중국이 급속도로 부상하면서 상황이 바뀌었다. 일본은 1997년 아시아 경제위기 극복 과정에서 리더십을 전혀 발휘하지 못했으며, 떠오르는 중국 앞에 점점 줄어드는 입지를 실감해야 했다. 일본의 우익 정치인들은 이 틈을 놓치지 않았다. 그들은 추락한 자국의 위상을 들먹이며 일본인의 애국심을 자극했다. 미국과의 동맹을 더욱 강화하고 아시아에 대한 영향력을 회복해 일본의 지도적 위상을 확보해야 한다고 주장했다. 이를 위해 일본 우익은 2000년대 이후 '보통국가 건설'을 강력히 추진했다.

'보통국가'는 평화헌법의 족쇄에서 벗어나 애국주의를 부활시키고, 국제사회에서 일본의 위상에 어울리는 정치·군사적 책임을 떠안는 국가를 가리킨다. 그것은 중국의 패권주의를 저지하려는 미국의 '아시아 재균형(Re-balancing Asia)' 정책과 맞물리며 동아시아에 풍운을 몰고 왔다. 2015년 4월 27일 미국과 일본 정상은 새 미일방위협력지침(일명 '가이드라인')에 전격 합의했다. 새 가이드라인의 핵심은 일본 자위대가 그동안 스스로를 묶고 있었던 구속을 상당 부분 벗어던졌다는 것이다. 일본은 미국의 협조 하에 한반도 주변은 물론 전 세계를 상대로 전쟁 행위나 평화유지 활동을 할 수 있게 되었다. 일본 우익은 그토록 꿈꾼 '보통국가'에 성큼 다가섰다.

동남아에서 확보한 우호지분을 감안하면 일본이 향후 아시아의 맹주로 부상할 가능성은 적지 않다. 문제는 일본에 호의적이지 않은 남북한과 중국, 그리고 동맹 미국이 복잡다단한 관계를 맺고 있는 동아시아다. 과연 이 지역에서 지금 무슨 일이 일어나고 있는지, 한국 입장에서 그것을 어떻게 받아들여야 하는지, 통찰해보는 것은 우리의 운명과 미래가 걸린 중차대한 과제가 아닐 수 없다.

팍스아메리카나를 바라보는
상반된 시선

●

경제력으로 20세기를 풍미했던 미국은 세계은행 자료에 따르면 구매력 기준 국내총생산(GDP)에서 이미 중국에 추월당했다. 그렇다면 2차 대전 이후 줄곧 초강대국으로, 그리고 소련 해체 이후 유일 초강대국으로 지구촌을 이끌어온 미국이 조만간 그 자리를 중국에 넘겨주고 뒤로 물러앉을 것인가? 이와 관련해 유럽의 한 다국적 은행과 미국의 세계적 석학이 팍스아메리카나(미국의 지배에 의한 평화)를 바라보는 판이한 두 시선은 적지 않은 참고가 된다.

팍스아메리카나는 유효한가

독일 은행 도이체방크는 2014년 9월 초순 배포한 〈장기 자산수익 연구〉 보고서의 '강대국의 흥망' 대목에서 "세계 차원의 지정학적 긴장에 구조적 변화를 지속적으로 초래하는 요인은 세계 주요 강대국의 흥망"이라고 전제하고 "단일 초강대국이 세계를 지배했던 시대가 상대적으로 안정의 시대였다면 대등하거나 경쟁하는 강대국들의 시대는 불안정의 시대였다고 할 수 있다"는 견해를 내놓았다.

그런 의미에서 팍스아메리카나의 시대는 제한적이고 불안정했다. 미국은 초강대국이었지만 2차 대전을 일으킨 독일과 일본을 전쟁에서 격퇴해야 했다. 1945년 이후에는 경제력으로는 자국의 상대가 되지 않았지만 군사력으로는 충분히 위협적인 소련을 맞아 오랜 세월 경쟁해야만 했다. 따라서 미국이 실질적으로 초강대국 지위를 누리기 시작한 것은 소련이 해체되기 시작한 1990년부터라고 봐야 한다.

도이체방크가 판단하기에 1990년대는 분명 팍스아메리카나의 번영기였다. 하지만 유일 초강대국이라는 미국의 자기 인식은 부시 행정부로 하여금 2003년 이라크를 침공하도록 유도했고, 그때부터 불안정이 지속되었다. 이제 미국은 팍스아메리카나의 지표가 되는 세계 GDP 점유율에서 20% 아래로 미끄러졌다. 그리고 정치적 힘을 위해 자국의 경제력을 이용하는 미국의 인센티브 또한 쇠퇴했다.

이렇게 된 데에는 세 가지 이유가 있다. 첫째, 2008년의 글로벌 금융위기 이래 미국은 신뢰를 잃었다. 미국의 미약한 경제회복과 결합된 자유방임주의 경제학의 명백한 실패는 자유민주주의 시장경제라는 미국식 국가 모델에 대한 신뢰에 흠집을 냈다. 이러한 불확실성이 커지면서 세계에 미국식 모델을 따라야 한다고 주장할 미국의 의지 또한 약해졌다. 둘째, 아프가니스탄과 이라크에서 전쟁을 거치면서 미국은 세계의 문제에 개입할 의지가 대폭 약해졌다. 미국이 얻은 주요한 교훈 가운데 하나는 미국이 세계의 모든 문제를 해결할 수 없으며 미국이 왕왕 문제를 악화시킨다는 것이다. 셋째, 제어하기 힘든 미국 내 파당정치派黨政治의 심화로 인해 미국 시민의 정부에 대한 신뢰가 그 어느 때보다 낮아졌다.

중국이 미국의 경쟁자로 등장해 거의 모든 분야에서 힘을 과시하고 있는 가운데, 세계 차원의 지정학적 긴장은 일시적인 것이 아니라 구조적인 것이 되리라는 전망이 이 보고서의 결론이다.

미국의 쇠퇴를 기정사실화한 도이체방크 보고서와는 달리 카터 행정부 국무차관보와 국가안보회의 의장, 클린턴 행정부 국제안보

담당 차관보로 미국 외교정책 입안에 깊숙이 관여한 조지프 나이 하버드대 석좌교수는 "미국의 세기가 끝나지 않았다"고 단언한다.

나이 교수는 "미국의 자리를 대신할 나라는 없다. 미국은 수십 년 후에도 초강대국 자리에 있을 것"이라고 2015년 1월 발간한 저서 《미국의 세기는 끝났는가(Is the American Century Over?)》에서 주장한다. 중국이 설령 경제 규모에서 미국을 추월하더라도 국력의 세 가지 구성요소인 경제력과 군사력 그리고 소프트파워를 모두 고려할 때 중국이 미국을 제치고 1위에 오를 수는 없다는 것이다.

나이 교수에 따르면 중국 경제는 덩치는 크지만 1인당 소득은 미국의 20%에 불과하다. 세계적으로 인정받는 25개 톱 브랜드 가운데 19개가 미국 제품이다. 세계 500대 기업 중 46%가 미국인 소유다. 중국은 무역에서 위안화 사용을 권장하는 정책으로 '금융 파워'를 키우고 있지만 현재 무역금융 중 위안화가 차지하는 비율은 9%에 머무는 반면 달러는 81%를 차지한다.

인구구조도 미국이 유리하다. 중국은 급속한 노령화로 2030년에는 어린이보다 부양해야 할 노인의 수가 더 많아진다. 반면 미국은 이민자 유입으로 2050년 인구가 42% 증가해 4억 3,900만 명에 이를 것으로 전망된다. 이들 이민자는 노령 세대를 돌봐야 하는 부담을 덜어주면서 경제에 활력소가 된다. 에너지 문제도 미국에 낙

관적이다. 신기술 개발로 셰일 가스 채굴이 가능해져 미국은 향후 200년간 에너지 걱정을 하지 않아도 된다.

군사력에서도 중국은 미국의 적수가 되지 못한다. 2014년 중국의 국방비 예산은 1,320억 달러로 미국의 4분의 1 수준이었다. 중국의 군사비 지출은 2020년 미국의 절반에 이르고 2050년에는 미국과 비슷한 수준이 될 것으로 전망된다. 하지만 첨단 장비 등에서 미국을 따라잡기는 어렵다. 중국 해군력은 이제 겨우 중고 항공모함 한 척을 보유한 정도다. 미국은 항공모함 10척을 보유하고 오랜 기간 세계를 무대로 작전한 경험이 있다. 현재 미국의 군사력은 중국과 비교할 때 10대 1로 우세하다.

미국의 더 큰 강점은 소프트파워다. 중국은 다른 나라에 호감을 주는 문화와 도덕적으로 인정받을 만한 대외정책에서 걸음마 단계다. 반면 미국은 민주주의와 인권이라는 가치의 전도사로서 세계 100여 나라와 우호 관계를 맺고 있다.

나이 교수는 강력했던 로마제국이 멸망한 것은 게르만족의 침입 같은 외부의 충격 때문이 아니었다고 본다. 혁신의 실패로 인한 내부적인 쇠퇴가 제국을 멸망으로 이끌었다는 것이다. 하지만 미국은 세계에서 가장 혁신적인 나라라는 것이 그의 생각이다. 나이 교수는 미국이 2014년 연구개발비로 4,650억 달러를 지출해 전 세

계 연구개발비의 31%를 차지했고, 세계 상위 20개 대학 중 17곳
이 미국 대학임을 상기시킨다. 결론적으로 앞으로도 상당 기간 팍
스아메리카나는 지속된다는 것이다.

남중국해 둘러싼
미국과 중국의 사생결단

●

동아시아에서 미국과 중국은 지역 패권을 놓고 경쟁하면서 동시에 긴밀히 협력하고 있다. 지난 2009년을 시작으로 두 나라는 양국 간 현안과 지역·국제 문제에 대해 포괄적으로 의견을 교환하기 위해 베이징과 워싱턴을 번갈아 오가며 '전략경제대화'를 열어왔다. 2015년에도 미국에서 존 케리 국무장관과 제이컵 루 재무장관, 중국에서 양제츠楊潔篪 외교담당 국무위원과 왕양汪洋 부총리가 대표로 참석한 가운데 6월 23~24일 이틀간 워싱턴에서 7번째 전략경제대화를 개최했다. 중국 전문가인 데이비드 샴보 미국 조지워싱턴대 교수는 미국과 중국을 가리켜 "두 나라는 북한·이란·IS(이슬

람국가) · 기후변화 등 협력해야 할 문제가 한둘이 아니어서 절대 이혼할 수 없는 관계"라고 말한다.

협력과 대치의 미·중 관계

미국과 중국은 군사 분야에서도 협력을 강화해 나가고 있다. 미국과 중국 군사대표단은 2015년 6월 12일(미국시간) 판창룽范長龍 중국 중앙군사위원회 부주석과 레이먼드 오디어노 미 육군참모총장이 지켜보는 가운데 워싱턴의 미 국방대학에서 '미·중 육군 간 대화 메커니즘' 협약을 체결했다. 판창룽 부주석은 중국 육·해·공군을 총괄하는 실질적인 최고 책임자다(중국 인민해방군을 총지휘하는 중앙군사위원회 주석은 시진핑 국가주석 겸 중국공산당 총서기가 겸직). 판 부주석 일행이 서명한 이 협약은 근년 들어 미국과 중국 간에 처음 체결된 의미 있는 군사협력 문건이다.

미중 양측은 또 판 부주석의 방미를 계기로 가진 양국 고위 군사 당국자 접촉에서 '중요 군사행동 상호통보 메커니즘', '해상·공중 안전행동 준칙'이라는 두 건의 기존 상호신뢰 메커니즘에 '공대공空對空 부속문건'을 추가하는 문제를 의논했다. 양국 군은 상호신뢰를 확인하기 위해 연합훈련을 할 수 있다는 데 합의했고, 미국은

2016년 열리는 환태평양 합동군사훈련(림팩)에 중국을 초청했다. 중국은 2014년 3월 26일부터 8월 1일까지 하와이 해역에서 미군 주도로 진행된 림팩에 처음 참가한 바 있다. 2년마다 실시하는 세계 최대 규모의 해상훈련인 림팩에는 2014년의 경우 한국·일본·영국·캐나다·호주·인도·필리핀·태국 등 23개국이 함께 했다.

판창룽 부주석의 미국 방문과 미중 양국 간 새로운 군사협력 협정 체결은 두 나라가 남중국해에서 긴장 상황을 연출하고 있는 가운데 이루어진 것이다. 이는 군사적으로 극한대치 상황까지 가는 것을 막아보자는 양국 최고 지도부의 의지가 반영된 것으로 해석할 수 있다. 판 부주석은 미국 방문길에 보잉사를 둘러보았는데, 미중 양국은 이전에도 군사 시설을 '주고받기' 식으로 상호 공개해왔다. 중국이 2011년 1월 핵·미사일 사령부를 보여주자, 그해 5월 미국은 최첨단 전투기인 F-22와 F-15를 공개했다. 판 부주석의 보잉사 방문과 관련해 미국 〈디펜스뉴스〉는 "이번에 보잉사는 중국 손님을 맞기 전에 기밀 누설을 차단하려는 조처를 이미 취했다"고 보도했다.

이처럼 미국과 중국이 군사협력의 강도를 높여가고 있지만 그렇다고 해서 양국 간 대치구도에 구조적인 변화가 생기고 있는 것은 아니다. 미국의 대한對韓 정책을 실무적으로 총괄하는 대니얼 러셀

미 국무부 동아시아태평양 담당 차관보는 2015년 6월 3일 남중국해 영유권 분쟁과 관련해 "한국이 목소리를 높여야 한다"고 공개적으로 압박했다. 미국의 다급함이 잘 느껴지는 대목이다.

남중국해를 둘러싼 미·중 갈등

미국은 남중국해 지배권을 놓고 중국과 치열하게 기 싸움하고 있다. 남중국해는 세계에서 4번째로 많은 석유·천연가스가 매장된 곳이자 가장 많은 선박이 오가는 전략 요충이다. 이 지역 '항행航行의 자유'을 핵심이익으로 여기는 미국은 중국의 남중국해 인공 섬 건설과 군사기지화를 국제법에 대한 도전으로 간주해 갈등이 고조돼 왔다.

중국이 동남아 국가들과 영유권을 다투고 있는 남중국해 스프래틀리 군도(중국명 난사군도)에 미국 군함이 출현하고, 이를 감시하기 위해 중국 군함이 뒤따라 출동하는 등 남중국해에서 긴장은 점차 높아가고 있다. 중국은 스프래틀리 군도의 작은 섬들에서 선박 접안시설 등 보강공사를 계속해왔고 미국은 중단을 요구해왔다. 이에 따라 미국과 중국의 무력 충돌설까지 제기되고 있는 실정이다.

미 국방부는 문제의 스프래틀리 군도 산호섬들의 12해리(22㎞)

이내로 군용기와 군함을 파견하는 것을 포함한 군사적 대응방안을 저울질하고 있다. 남중국해 영유권 분쟁을 둘러싼 상황은 중국과 주변국이 대립하던 구조를 넘어 이제 미국과 일본이 개입하는 확대 양상으로 발전하고 있다. 남중국해 영유권을 놓고 중국과 정면 대치해온 필리핀과 베트남은 중국을 견제하기 위해 미·일과의 연대를 강화하고 있다.

일본 해상보안청과 베트남 해안경비대는 2015년 5월 베트남 다낭 인근 해상에서 합동훈련을 했다. 비슷한 시기 이와 별도로 해적 대응을 위해 소말리아 아덴만에 파견됐던 일본 해상자위대 소속 P3C 초계기 2대가 일본 귀환 길에 베트남 다낭에 기착했다. 앞서 일본 해상보안청은 필리핀 해안경비대와 함께 필리핀 해안에서 해적 퇴치 훈련을 했다. 또 일본 해상자위대와 필리핀 해군은 남중국해 영유권 분쟁도서인 스카보러 섬(중국명 황옌다오)으로부터 270㎞가량 떨어진 필리핀 해역에서 연합훈련을 했다. 2015년 4월 말에는 미국과 필리핀의 연례 합동군사훈련이 필리핀 육해공 군사기지를 중심으로 역대 최대 규모인 1만 2,000여 명이 참가한 가운데 실시됐다.

중국 고위관리들 가운데는 중국의 국력이 미국을 신속하게 따라잡고 있는 가운데 중국이 이웃 나라들을 상대로 골목대장 역할을 할 수 있다고 생각하는 사람들이 많다. 중국은 남중국해에서 자국 이익을 맹렬하게 주장한다. 중국은 영유권과 관련된 사안만큼은 '핵심이익'이어서 절대 양보할 수 없다는 입장을 거듭 밝혀왔다.

문제는 중국이 필리핀·베트남 등 주변국들을 윽박질러서라도 장악하려는 남중국해를 미국도 '핵심해역海域'으로 보고 있다는 사실이다. 미국의 지구 차원 군사전략 가운데 서태평양, 즉 남중국해에서 항행의 자유를 확보하는 것은 사활적 부분이다. 따라서 남중국해를 둘러싼 중국과 주변국 간 분쟁은 결국 중국과 미국 사이의 힘겨루기로 귀착될 수밖에 없다.

남중국해를 둘러싼 미·중 갈등은 앞으로 상당 기간 이어질 것이 분명하다. 《펠로폰네소스 전쟁사》를 저술한 고대 그리스 역사가 투키디데스는 기원 전 5세기 펠로폰네소스 전쟁의 원인을 신흥강국 아테네의 군사력 증가에 패권국 스파르타가 불안을 느꼈기 때문이라고 분석했다. 미국 하버드대학의 정치학자 그레이엄 앨리슨 교수는 신흥강국이 패권국에 공포를 심어 전쟁으로 비화하는 과정을 '투키디데스 함정(Thucydides trap)'이라고 불렀다.

앨리슨 교수는 2015년 4월 14일 미국 상원 외교위원회에서 이를 인용했다. 그는 이 자리에서 "펠로폰네소스 전쟁을 불가피하게 만들었던 것은 아테네의 부상浮上과 그것이 스파르타에 주입注入한 공포였다"고 말했다. 앨리슨 교수는 또 "지난 500년 간 신흥강국이 패권국에 도전한 16사례 가운데 12사례에서 그 결과는 전쟁이었다"라고 소개했다. 앨리슨은 중국이 융성하고 있으며 미국이 쇠락하고 있기 때문에 미국은 지금 반드시 관리해야 할 '고질적인 조건'에 직면해 있다고 결론 내렸다.

중국의 위협과 관련해 앨리슨보다 한 술 더 뜨는 학자도 있다. 국제정치학계에서 '공격적 현실주의자'로 분류되는 미국 시카고대학의 존 미어샤이머 교수는 "중국은 평화적으로 굴기屈起할 수 없다"고 아예 단정 지어 말했다.

중국은 미국이 자국의 뒷마당에서 대규모 군사력을 유지하는 것을 미국 주장처럼 지역 안정을 공고히 하는 자애로운 역할이라고 보지 않는다. 앤드류 네이선 컬럼비아대 교수와 앤드류 스코벨 랜드연구소 선임연구원에 따르면, 중국이 보는 미국은 "중국 내정에 대한 가장 거슬리는 외부 행위자, 대만의 현상유지 보증인, 동중국해와 남중국해의 최대 해군 세력, 많은 중국 이웃나라들의 공식·비공식 군사 동맹"이다. 나아가 중국은 미국이 "군국주의적이고, 공격 성향이며, 팽창주의적이고, 이기적인 외교정책으로 중국의 영향력을 축소시키고 중국의 이익을 저해하려 도모한다"고 생각한다.

미국과 중국 바깥의 세계는 미·중 두 나라가 적대감보다 선의를 바탕으로 경쟁하면서도 꾸준히 협력을 강화해 나감으로써 극단적인 대치상황으로 치닫는 일이 결코 발생하지 않기를 바라고 있을 것이 틀림없다.

지금은 한반도 격변에 대비할 때

•

크리스토퍼 힐 전 미 국무부 동아시아태평양 담당 차관보는 2015년 3월 4일 서울에서 열린 세계언론인회의 강연에서 "북한은 표류 중"이라며 "앞으로 10년이 걸릴지 언제가 될지 모르지만 언젠가는 붕괴한다"고 단언했다. 주한 미국대사를 지낸 힐 전 차관보는 "(만약 그런 사태가 발생하면) 한국, 미국, 중국 모두 무엇을 해야 할지 이해하고 확실히 할 필요가 있다"고 말했다. 힐 전 차관보의 이 같은 언급은 갑작스레 닥칠 수 있는 북한 붕괴에 대해 사전에 철저히 준비하는 것이 중요하다는 사실을 새삼 강조하는 것이다.

북한 붕괴에 대비한 치밀한 사전준비 필요

힐 전 차관보뿐만 아니라 근년 들어 북한의 갑작스러운 붕괴를 예상하고 그 대비책을 주문하는 국제사회의 목소리는 헤아리기 어려울 만큼 많다. 그중 미국의 대표적인 민간 연구기관인 랜드연구소가 2013년 9월 19일 펴낸 〈북한 붕괴 가능성에 대한 준비〉 정책보고서는 급변사태에 대비하는 한국과 미국의 치밀한 사전 준비와 공조를 강력히 촉구하고 있다.

이 보고서를 집필한 브루스 베넷 국방 담당 선임분석가는 북한 내부 사정과 국제 정세 등을 들어 동독처럼 북한도 '갑작스레 거의 경고 없이' 붕괴할 수 있다고 전망한다. 그러면서 그는 "대부분의 전문가들이 북한 붕괴 여부보다 시점에 더 무게를 두고 있다"는 말로 북한의 붕괴가 단지 시간문제일 뿐이라는 지배적인 견해를 전한다. 준비가 부족한 한국과 미국이 더 늦기 전에 이 문제에 본격적으로 대비해야 한다고 권고다.

보고서는 북한 전체주의 정권이 예견할 수 있는 장래에 사라질 합리적인 가능성이 있다면서 그렇게 되면 여러 사태가 발생할 수 있다고 내다본다. 보고서가 제시한 시나리오에 따르면, 먼저 북한 내부의 분열로 인한 파벌싸움은 내전을 촉발하며 그로 인한 분쟁은 이웃나라들로 확산될 수 있다. 북한이 보유한 대량 파괴 무기

(WMD)가 사용되거나 제3자에게 판매될 수도 있다. 식량·의약품·기타 물자의 결핍으로 인해 1990년대 기아사태보다 더 극심한 인도주의적 재앙이 북한에 초래된다. 대규모 북한 난민이 중국과 한국으로 밀려들어 양국이 불안정해진다. 이는 중국의 개입을 부를 수 있으며 이렇게 되면 북한 내부 정리 작업에 관여하는 한·미 세력과의 우발적인 충돌로 이어질 수 있다.

보고서는 북한이 붕괴하면 한국과 그 동맹국인 미국이 궁극적인 한반도 통일을 추진할 가능성이 있다고 본다. 당면한 목표는 인도적 지원을 베풀고, 분쟁을 차단하며, 북한 군대와 보안요원의 무장을 해제하고, WMD를 장악해 제거하며, 간수들이 죄수들을 처형하기 전에 정치범 수용소를 해방하는 것이다. 그러한 임무를 수행할 군인 및 보안요원들에는 공공 토목공사 프로젝트를 수행할 인력이 포함될 수 있다. 또 북한을 장악하는 세력은 재산권 보호를 천명할 필요도 있다.

보고서는 이러한 작업에는 계획과 준비가 필수적임을 강조한다. 그런데 큰 문제는 인력이 충분치 않다는 것이다. 낮은 출생률로 인해 한국군 병력이 감소하고 있으므로 대체 인력을 확보하는 것이 필요하다. 대규모 인도적 지원물품이 신속하게 북한 전역에 배포되어야 하므로 물품의 사전 비축과 이를 주관할 조직이 필요하다.

외국, 특히 중국과의 공조가 필수적이다.

보고서에 따르면 한국과 미국은 또 양국을 적敵이자 북한 내 모든 잘못의 근본 원인이라고 북한 주민들에게 줄곧 각인시켜온, 북한 당국의 정치선전을 극복해야 한다. 한미 양국은 북한 주민들이 통일, 그리고 통일 이후 그들의 개인적 처지에 대해 품고 있는 생각을 반드시 변화시킬 필요가 있다.

또 인도적 지원품 및 일자리의 배급, 선택적 사면, 재산권 같은 사안들에 대한 정책이 요구되며 이런 정책을 놓고 북한 주민들과 의사소통이 필요하다. 어떤 개입도 지원과 함께 시작되어야 한다. 한미 양국은 인도적 지원품을 북한 전역에 걸쳐 신속하고 상당한 분량만큼 전달할 준비를 갖춰야 한다.

뿐만 아니라 북한 정부가 붕괴한 뒤 북한에서 발생하는 모든 분쟁은 한국과 중국으로 번지며 이는 북한에서 인도적 재앙을 악화시킨다. 한미 군대는 따라서 이런 분쟁들을 신속하게 휴전시키고 북한군과의 교전을 피할 방안을 찾아야 한다. 간수들을 포함해 북한 보안세력을 상대할 준비도 갖춰야 할 것이다. 또 다른 종류의 인도적 참사를 방지하기 위하여 정치범 수용소도 최대한 일찍 해방할 필요가 있다.

북한주민에 대한 형사처벌은 한국의 사법 및 교도소 시스템이

감당하는 한도 내에 그쳐야 한다. 뇌물수수 또는 기타 형태의 부패를 저지른 자에게는 사면이 적용될 필요가 있을 수 있다. 그러면서 고문과 살인 같은 심각한 인권 침해 사범에게 형사 기소를 집중해야 한다고 보고서는 권고한다.

보고서는 결론 부분에서 북한의 붕괴를 광범하게 다루는 것을 내켜하지 않는 한국 측의 자세를 극복해야 하며, 그래야만 북한 붕괴를 상정한 여러 계획들이 순조롭게 이행될 수 있을 것이라고 한미 양국의 정책 당국자들에게 재삼 촉구한다. 이 대목은 북한 내 돌발 상황에 대한 한국 측의 준비 미흡에 대해 미국 내 한반도 연구자들이 느끼는 일반적인 불안감을 반영하는 것으로 우리가 크게 반성하고 보완해야 한다.

'제2의 개국(開國)' 선언한 일본

•

버락 오바마 미국 대통령은 2014년 4월 23~25일 일본을 국빈 방문했다. 아베 신조安倍晋三 일본 총리는 오바마 대통령의 일본 도착을 이틀 앞두고 세계 언론에 폭넓게 게재될 수 있도록 '일본의 제2의 개국開國'이라는 영문 칼럼을 세계적인 신디케이트(국제 언론 도매상)를 통해 전 세계에 배포했다.

이 칼럼에서 아베 총리는 "오바마 대통령이 일본 경제가 안정적이고 새로운 성장의 길로 나아가는 역사적인 시점에 도쿄를 방문한다"면서 "일본은 스스로를 극동極東이라기보다 환태평양의 중심으로 간주한다"고 말했다. 그는 이어 "일본 자위대가 아이티, 인

272

도네시아, 필리핀 등지에서 평화유지 활동을 펼쳐 깊은 감사와 존경을 받았다"며 "평화에 선제적으로 기여하는 것은 세계의 번영과 안정을 지탱하는 안보를 담보하는 데 일본이 그 몫을 부담함을 의미한다"고 밝혔다. 마지막으로 아베는 "일본의 귀환"을 선언하고 칼럼을 맺었다.

군국주의 망령의 부활

아베 총리는 오바마 대통령의 일본 방문이 있은 지 1년 만인 2015년 4월 26일~5월 2일 미국을 공식 방문했다. 국빈 방문은 아니었지만 아베는 최상급의 대접을 받았다. 그는 4월 28일 오바마 대통령과 회담했고, 이튿날엔 일본 총리로선 처음으로 미 상하원 합동연설을 했다.

아베 방미의 하이라이트는 미일방위협력지침(일명 '가이드라인') 개정이었다. 일본 총리의 방미에 맞춰 4월 27일 미일 외교·국방장관은 워싱턴에서 연석회의를 열어 가이드라인 개정에 합의했다. 한반도 주변은 물론 전 세계를 상대로 일본 자위대가 전쟁 행위나 평화유지 활동을 할 수 있도록 한다는 내용이 골자다.

가이드라인은 간단히 말해 미일 양국 군대의 역할과 임무를 위한 전반적인 체제와 정책방향을 담은 문서다. 미일 가이드라인의 개정은 18년 만이지만 대폭적인 개정은 37년 만이다. 1978년 처음 제정된 가이드라인은 냉전시기 일본 방위와 관련한 동맹분업同盟分業을 구체적으로 기술했다.

하지만 1989년 베를린장벽이 무너지고 뒤이어 소련이 해체되면서 냉전이 종식되자 1978년 가이드라인을 지탱했던 논리와 가정假定이 설득력을 잃게 됐다. 냉전 종식으로 일본에 대한 소련의 위협이 사라지면서 오히려 대만해협이나 한반도가 새로운 분쟁의 불씨가 될 수 있다는 우려가 제기되었다.

이에 미국과 일본은 기존 가이드라인이 탈냉전시대의 안보환경에 적합하지 않다고 보고 1997년 가이드라인을 일부 개정했다. 그후 양국은 1997년 판 가이드라인에 천명되어 있지 않은 분야로 안보협력을 확대해왔다. 아프가니스탄에서의 재급유 임무, 소말리아 연안에서의 해적 퇴치 임무, 일본에서의 탄도미사일 방어 등이 그간 확대된 대표적인 안보협력 활동이다.

그러다가 중국이 방공식별구역을 설정하고 해양에서 영토 확보 활동에 나서자 미일 양국은 2015년의 안보환경이 1997년과 판이하다고 판단했다. 근 20년에 걸친 정책변화와 정책운용 경험을 토대로 현재의 도전에 더 잘 대응할 수 있도록 양국 관계를 업그레이

드할 필요성을 느낀 것이다. 이것이 2015년 새 가이드라인 채택으로 이어졌다.

이번에 개정된 가이드라인은 쌍무주의雙務主義에 뿌리를 두고 있지만 범위에 있어 세계적인 미일 동맹의 비전을 제시한다. 중요한 것은, 이 문서로 인해 일본은 과거 자국이 금기시했던 많은 역할들에 있어 미국의 적극적인 파트너로 떠올랐다는 것이다. 가이드라인 개정은 더 폭넓은 기능과 범위를 가진 더 강력한 미일 동맹으로 이어지고 있다. 에쉬턴 카터 미 국방장관은 개정된 가이드라인이 "미일 동맹을 탈바꿈시킬 것"이라고 내다봤다.

새 가이드라인에서 가장 뚜렷하게 달라진 점은 일본 자위대가 그동안 스스로를 묶던 구속을 상당 부분 벗어던졌다는 것이다. 일본 정부와 연립 여당은 워싱턴에서 개정해 공표한 새 가이드라인에 맞춰 2015년 9월 19일 '집단적 자위권' 행사를 용인하는 안보법안을 통과시켰다. 이로써 일본은 이른바 전쟁을 할 수 있는 '보통 국가'로 성큼 다가섰다.

1997년 가이드라인은 자위대가 움직일 수 있는 조건을 '평소→주변국(한국)의 비상사태→일본이 공격당한 상황'의 3단계로 나눴다. 이 3단계가 충족되지 않으면 자위대가 출동할 수 없고, 활동 반경도 '일본 주변'으로 한정됐다.

그런데 새 가이드라인은 자위대가 움직일 수 있는 조건을 '평소 →잠재적으로 일본이 위험할 수 있는 상황→일본과 가까운 나라 (한국)가 공격받은 상황→일본이 공격당한 상황'과 이와 별도로 '일 본에 대규모 재해가 발생한 상황'이라는 5단계로 나눴다. 이에 따라 자위대의 활동 반경은 '일본 주변'에서 전 세계로 넓혀졌다. 과거에는 일본의 원유 수송로인 호르무즈 해협이 적국에 의해 봉쇄 돼도 일본 자위대가 기뢰* 제거 작업을 벌일 수 없었지만 앞으로는 할 수 있다. 뿐만 아니라 "어떤 상황에서도 미일은 협력한다"는 원칙 아래 사이버공간과 우주로까지 양국의 안보협력 영역이 확대될 전망이다.

그런데 한국 입장에서 무엇보다 큰 변화는 일본이 직접 공격당 하지 않아도 일본과 가까운 나라(한국)가 공격당하면 일본에 대한 공격으로 간주해 상대(북한)를 공격할 수 있게 된 것이다. 이는 한반도 유사시를 상정한 것으로 집단적 자위권의 우선 타깃이 어디 인지를 명확히 보여준다.

특히 새 가이드라인은 일본 자위대가 세계 어느 나라든지 미군 후방지원 명목으로 들어갈 수 있도록 했다. 미군이 주둔한 한반도 에 일본 자위대가 진입할 수 있게 되었다는 뜻이다. 청일전쟁 당 시 그랬던 것처럼 일본군이 한반도를 다시 밟는 날이 데자뷔로 되

살아나고 있다. '일본의 귀환'은 우리에겐 끔찍한 악몽이 아닐 수 없다.

　근대 일본의 개국開國은 서양으로부터의 충격에 의해 이루어졌다. 1853년 6월 네 척의 군함을 이끌고 들이닥친 미국 페리 제독의 압력으로 일본은 나라의 문을 열었다. 이제 일본은 아베 총리가 선포한 '제2의 개국'에 맞춰 가이드라인 개정을 완료했다. 최초의 개국이 미국의 강요에 의해 이루어졌다면 제2의 개국은 미국의 부탁을 받은 일본이 이에 응하면서 동아시아의 새 군사강국을 지향하는 모양새를 띠고 있다. 더구나 그 개국세력은 과거 군국주의의 기치 아래 아시아를 피로 물들인 조슈와 요시다 쇼인의 후예들이다. 이런 일본을 보며 주변국들이 군국주의 망령의 부활을 우려하는 건 당연하다.

---

* 적의 함선을 파괴하기 위하여 물속이나 물 위에 설치한 폭탄. 감지 장치에 따라 음향 기뢰, 자기 기뢰, 수압 기뢰 따위가 있다.

기억하라, 치욕의 역사를!

1875년 9월 20일 일본 군함 운요호雲楊號가 강화도 앞바다에서 해안측량을 빙자하여 조선영해를 불법 침입했다. 일본군은 해안 경비를 서던 조선 수군의 공격을 받자 보복으로 함포사격을 가하고, 영종진에 상륙해 살육·방화·약탈을 자행한 뒤 퇴각했다. 그리고 조선은 일본과 강화도조약을 체결하게 된다. 개국과 함께 맺은 최초의 불평등조약이다.

메이지유신 이후 일본은 조선을 집어삼켜 열강으로 도약하겠다는 야심을 품었다. 그 일환으로 한반도에 멋대로 자국의 '이익선利益線'을 긋고 중국과 러시아 세력을 견제했다. 운요호 사건으로 조선의 문을 연 일본은 1894년 동학농민운동을 핑계로 한반도에 출병한다. 곧이어 조선 땅에서 청일전쟁이 벌어졌고, 일본은 한반도에서 중국세력을 몰아냈다.

일본의 침략야욕은 냉혹하고 잔인했다. 명성황후가 러시아의 힘을 빌려 견제하자 일본공사가 주동이 되어 을미사변을 일으키고 일국의 국모를 살해했다(1895년). 1904~1905년 러일전쟁에서 승리한 일본은 그 여세를 몰아 을사늑약을 체결하고 조선을 보호국으로 만들었다. 그리고 1910년 8월 29일 끝내 국권을 강탈하고 말았다. 경술국치庚戌國恥였다.

"나 아베는 다시 돌아올 것이다!"

1945년 8월 15일 일본이 연합국에 무조건 항복함으로써 조선은 일제 식민지에서 해방되었다. 마지막 조선총독 아베 노부유키阿部信行는 총독부에서 항복문서에 조인하고 조선을 떠났다. 이 '현대판 왜구'는 조선을 떠나면서 이런 망언을 남겼다.

"우리는 패했지만 조선이 승리한 것은 아니다. 장담하건대, 조선인이 제정신을 차리고 찬란하고 위대했던 옛 조선의 영광을 되찾으려면 100년이라는 세월이 훨씬 더 걸릴 것이다. 우리 일본은 조선인에게 총과 대포보다 무서운 식민교육을 심어놓았다. 결국은 서로 이간질하며 노예적 삶을 살 것이다. 나 아베 노부유키는 다시 돌아온다."

오늘날 일본의 재무장을 추진하는 아베 신조安倍晋三 일본 총리는 얼마 전 '제2의 개국'을 선언하며 '일본의 귀환'을 강조했다. '아시아로 다시 돌아오기 위해' 일본을 태평양전쟁 패망 이후 처음으로 '전쟁할 수 있는 국가'로 바꿔나가고 있다. 이런 점에서 그는 선배 총리(아베 노부유키도 총독 이후 총리를 지냈다)가 읊은 그 저주의 길을 걷고 있다.

19세 후반~20세기 전반에 창궐한 일본 군국주의는 토요토미 히데요시의 옛 잔당인 조슈 사무라이와 천황 중심의 대일본제국 건설을 설계한 요시다 쇼인의 추종자들이 불 지핀 광기였다. 이제 그 후예들이 집단적 자위권을 추진하며 한반도에 발을 들일 구실을 찾는 것은 아닌가? 우리가 치욕의 역사를 되풀이하지 않으려면 무엇을 해야 할까? 일제가 심어놓은 식민교육의 잔재를 걷어내려면 어떻게 해야 할까?

2차 대전 당시 홀로코스트의 악몽을 경험한 유대인들은 교육을 통해 그 아픈 역사를 직시하는 것이 출발점이라고 이야기한다.

유대인의 힘은 역사 인식에서

"사무치는 경험으로 철이 든 아이는 전혀 다른 행동을 한다"고
했다. 이를 역사교육에 적용하는 사람들이 오늘날 유대인이다.

다른 나라들과 마찬가지로 이스라엘에서도 학교에서 이루어지
는 역사교육의 일차적 목표는 자라나는 세대로 하여금 바람직한
집단적 정체성을 갖도록 하는 데 있다. 이스라엘 학교에서의 역사
교육은 예루살렘 성전의 파괴, 디아스포라(전 세계로 흩어져 살아온 유
대인), 이스라엘 건국, 여러 차례의 중동전쟁 등을 강조해왔다. 그
가운데 특히 심혈을 기울이는 대목은 홀로코스트를 잊지 말자는
것이다.

제2차 세계대전 당시 히틀러는 독일 아리안 민족의 순수성을 해
친다며 유대인에 대해 까닭 없는 증오를 품었다. 그는 "유대인의
절멸이야말로 가장 먼저 해야 할 과업"이라며 조직적인 유대인 학
살을 실행에 옮겼다. 죄 없는 사람들이 단지 유대인이라는 이유 하
나만으로 독가스 실에서 숨졌다. 2차 대전 중에 나치의 손에 희생
된 유대인은 600만 명에 이른다.

이스라엘에서는 대략 16살에 해당하는 11학년 학생에게 홀로코
스트에 관한 역사를 처음 가르친다. 그런 다음 아우슈비츠 수용소,
비르케나우 가스처형실 등 학살 현장을 직접 방문해 당시의 참상

을 눈으로 확인케 한다.

이스라엘에 있어 홀로코스트는 인종, 언어, 문화가 이질적인 여러 집단의 공존을 도모하기 위한 하나의 '역사 코드'이기도 하다. 해마다 4월 27일 홀로코스트 기념일이 되면 전 국민이 2분간 희생자들을 기리는 묵념을 올리며, 예루살렘의 '야드 바셈 홀로코스트 기념관'에서 성대한 행사를 벌인다.

베냐민 네탄야후 이스라엘 전 총리는 지난 1998년 홀로코스트 생존자들을 모아 아우슈비츠에서 비르케나우까지 '산 자들의 행진'을 직접 이끌었다. 세계의 시선이 쏠린 이 행사에서 네탄야후는 "강한 유대 국가만이 또 다른 홀로코스트를 막을 수 있다"며 이스라엘 국민에게 역사를 잊지 말자고 호소했다.

야드 바셈 기념관은 지금까지 나치 독일에 희생된 유대인 600만 명 가운데 400만 명의 신원을 확인해 이를 데이터베이스로 만들어 놓고 있다. 야드 바셈은 유대인 강제수용소에서 숨진 희생자를 기억하는 사람들을 통해 그들의 이름을 수집하고, 당시의 기록물을 샅샅이 뒤져 지금도 희생자 명단을 찾아내고 있다.

기억하라, 기억이 죽음에서 구원할지니

한일국교 정상화 50주년을 맞아 한국의 〈한국일보〉와 일본의 〈요미우리신문讀賣新聞〉이 2015년 5월에 실시한 전화 여론조사에서 한국인의 85%, 일본인의 73%가 각각 상대국을 '신뢰할 수 없는 나라'로 보는 것으로 나타났다. 현재의 한일관계에 대한 평가에서도 한국 측 응답자의 89%, 일본 측 응답자의 85%가 각각 '나쁘다'고 답했다.

한국인은 일본을 싫어한다. 일본 이야기는 '기—승—전—욕'으로 끝내야 속이 시원하다. 문제는 그 욕들이 대개 민족감정에 바탕을 둔 막연한 것들이란 점이다. 그것은 오히려 상대방에게 열등감의 표현으로 받아들여지고 경우에 따라서는 반격의 빌미만 준다. 욕을 하더라도 구체적으로 해야 한다. 그래야 상대도 좀 아프고 개선의 여지가 생기는 법이다. 그러려면 치욕의 역사를 직시하고 일제가 자행한 만행을 몸으로 느끼는 교육이 절실하다.

노벨평화상 수상자이자 홀로코스트 생존자인 엘리 위젤의 글 '추념'은 이렇게 끝을 맺고 있다.

"기억하라. 망각으로부터 그들을 기억하는 것은 죽음에서 구원하는 것이리니."

| 참고문헌 |

가토 슈이치, 박인순 옮김, 《일본 문화의 시간과 공간》, 작은이야기, 2010

강낙중, 《일본어의 기원》, 한국문화사, 2012

강상중 외, 이목 옮김, 《기시 노부스케와 박정희》, 책과함께, 2012

개번 매코맥, 황정아 외 옮김, 《종속국가 일본》, 창비, 2008

기시다 슈, 우주형 옮김, 《게으름뱅이 정신분석》, 깊은샘, 1999

김동인, 《운현궁의 봄》, 문학사상사, 1993

김용덕, 《일본근대사를 보는 눈》, 지식산업사, 1997

김종훈, 《우리는 천국으로 출근한다》, 21세기북스, 2010

김현구, 《고대 한일교섭사의 제문제》, 일지사, 2009

김현구, 《백제는 일본의 기원인가》, 창비, 2002

김현구, 《임나일본부설은 허구인가》, 창비, 2010

노마 필드, 박이엽 옮김, 《죽어가는 천황의 나라에서》, 창비, 2014

노마 히데키, 김진아 외 옮김, 《한글의 탄생》, 돌베개, 2011

니시지마 사다오, 송완범 옮김, 《일본의 고대사 인식》, 역사비평사, 2008

다나카 아키라, 강진아 옮김, 《소일본주의》, 소화, 2002

다나카 아키라, 현명철 옮김, 《메이지 유신과 서양문명》, 소화, 2006

마에다 쓰토무, 이용수 옮김, 《일본사상으로 본 일본의 본질》, 논형, 2014

마틴 자크, 안세민 옮김, 《중국이 세계를 지배하면》, 부키, 2010

모리시마 미치오, 이기준 옮김, 《왜 일본은 '성공'하였는가》, 일조각, 2000

미야지마 히로시 외, 《국사의 신화를 넘어서》, 휴머니스트, 2004

미야지마 히로시, 《나의 한국사 공부》, 너머북스, 2013

미야지마 히로시, 《일본의 역사관을 비판한다》, 창비, 2013

박경리, 《일본산고》, 마로니에북스, 2013

박노자, 《우리가 몰랐던 동아시아》, 한겨레출판, 2007

박종현, 《일본 사람을 사랑할 수 있을까?》, 시공사, 2010

박훈, 《메이지 유신은 어떻게 가능했는가》, 민음사, 2014

배병삼, 《우리에게 유교란 무엇인가》, 녹색평론사, 2012

스기타 사토시, 양영철 옮김, 《일본이 선진국이라는 거짓말》, 말글빛냄, 2008

시미즈 기요시 외, 《아나타는 한국인》, 정신세계사, 2004

신유한, 김찬순 옮김, 《해유록, 조선선비 일본을 만나다》, 보리, 2006

신채호, 박기봉 옮김, 《조선상고문화사(외)》, 비봉출판사, 2007

신채호, 박기봉 옮김, 《조선상고사》, 비봉출판사, 2006

아미노 요시히코, 박훈 옮김, 《일본이란 무엇인가》, 창비, 2003

아사오 나호히로, 연민수 외 옮김, 《새로 쓴 일본사》, 창비, 2003

안현호, 《한·중·일 경제삼국지》, 나남출판, 2013

알렉스 커, 이나경 옮김, 《치명적인 일본》, 홍익출판사, 2002

야마다 아키오, 김현희 옮김, 《야마다 사장, 샐러리맨의 천국을 만들다》, 21세기북스, 2007

야마모토 시치헤이, 고경문 옮김, 《일본인이란 무엇인가》, 페이퍼로드, 2012

엔 커이소스 외, 김민수 옮김, 《역사, 진실에 대한 이야기의 이야기》, 작가정신, 2013

엔리코 모레티, 송철복 옮김, 《직업의 지리학》, 김영사, 2014

오다 마코토, 김윤 외 옮김, 《소설 임진왜란》, 웅진출판, 1992

오영호, 《미래 중국과 통하라》, 메디치미디어, 2012

오오누키 에미코, 이향철 옮김, 《사쿠라가 지다 젊음도 지다》, 모멘토, 2004

오오무라 마스오, 심원섭 외 옮김, 《조선의 혼을 찾아서》, 소명출판, 2007

요나하 준, 최종길 옮김, 《중국화 하는 일본》, 페이퍼로드, 2013

위텐런, 박윤식 옮김, 《대본영의 참모들》, 나남출판, 2014

윤내현, 《우리 고대사》, 지식산업사, 2003

이선배, 《조선 식민지 고대일본》, 엠북스, 2014

이성시, 박경희 옮김, 《만들어진 고대》, 삼인, 2001

이우광, 《일본 재발견》, 삼성경제연구소, 2010

이이화, 《한국사, 나는 이렇게 본다》, 길, 2005

이종각, 《일본 난학의 개척자 스기타 겐파쿠》, 서해문집, 2013

이토 아비토, 임경택 옮김, 《일본 사회 일본 문화》, 소와당, 2009

일본사학회, 《아틀라스 일본사》, 사계절, 2011

임마누엘 페스트라이쉬, 《한국인만 모르는 다른 대한민국》, 21세기북스, 2013

정하미, 《일본의 서양문화 수용사》, 살림, 2005

조지프 나이, 이기동 옮김, 《미국의 세기는 끝났는가》, 프리뷰, 2015

존 카터 코벨, 김유경 옮김, 《부여기마족과 왜》, 글을읽다, 2006

존 카터 코벨, 김유경 옮김, 《한국문화의 뿌리를 찾아》, 학고재, 1999

카와이 아츠시, 원지연 옮김, 《하룻밤에 읽는 일본사》, 랜덤하우스코리아, 2000

한영우, 《다시 찾는 우리 역사》, 경세원, 2004

헨리 키신저, 권기대 옮김, 《헨리 키신저의 중국 이야기》, 민음사, 2012

홍성화, 《한일 고대사 유적 답사기》, 삼인, 2008

후쿠자와 유키치, 엄창준 외 옮김, 《학문을 권함》, 지안사, 1993

후쿠자와 유키치, 정명환 옮김, 《후쿠자와 유키치의 문명론》, 기파랑, 2012

아직 끝나지 않은 한일 간 비극의 역사

제국의 역습
진격의 일본

펴낸날 초판 1쇄 2015년 12월 5일

지은이 조용택

펴낸이 임호준
이사 홍헌표
편집장 김소중
책임 편집 박혜란 ㅣ **편집 4팀** 김보람
디자인 왕윤경 김효숙 ㅣ **마케팅** 강진수 임한호 김혜민
경영지원 나은혜 박석호 ㅣ **e-비즈** 표형원 이용직 김준홍 류현정 차상은

인쇄 (주)웰컴피앤피

펴낸곳 북클라우드 ㅣ **발행처** (주)헬스조선 ㅣ **출판등록** 제2-4324호 2006년 1월 12일
주소 서울특별시 중구 세종대로 21길 30 ㅣ **전화** (02) 724-7677 ㅣ **팩스** (02) 722-9339
홈페이지 www.vita-books.co.kr ㅣ **블로그** blog.naver.com/vita_books ㅣ **페이스북** www.facebook.com/vitabooks

ISBN 979-11-5846-038-9   03910

• 이 도서의 국립중앙도서관 출판예정도서목록(CIP)은 서지정보유통지원시스템 홈페이지(http://seoji.nl.go.kr)와
  국가자료공동목록시스템(http://www.nl.go.kr/kolisnet)에서 이용하실 수 있습니다. (CIP제어번호: CIP 2015031434)

• 북클라우드는 독자 여러분의 책에 대한 아이디어와 원고 투고를 기다리고 있습니다.
  책 출간을 원하시는 분은 이메일 vbook@chosun.com으로 간단한 개요와 취지, 연락처 등을 보내주세요.

  북클라우드는 건강한 마음과 아름다운 삶을 생각하는 (주)헬스조선의 출판 브랜드입니다.